AF424227

ISBN 979-10-94954-03-4
Les Editions de la Nation Neandertal
led.nneandertal@gmail.com

PENSEES MULTICOLORES SUR TERREAU DE MATIERE GRISE

« Celui qui n'aime pas les gens de couleur, n'en a pas lui-même, il est transparent, invisible. »

Hop (Homo Neandertalensis) à Lah (Homo Sapiens)
(Ile de l'Atlantide, 39999 av JC)

PROLOGUE

Vous avez déjà fait connaissance avec Jean, l'un des personnages que l'on retrouve dans les diverses histoires éponymes peu ordinaires. Comme vous l'avez pu constater, s'il n'est pas vraiment un personnage principal, il apparaît plutôt comme une sorte de « fil rouge ».

Dans ce récit, conçu différemment du reste de la série, c'est le fil de sa pensée que vous vous attacherez à suivre sans vous en mêler.

Vous l'enroulerez au fur et à mesure du déroulement des événements, en prenant soin qu'il ne se coince pas dans les rouages de la réflexion. Peut-être nouerez-vous de nouvelles relations, vous lierez-vous d'amitié ou enfilerez... si affinités.

Vous en tisserez la toile de vos songes sans en faire un tissu de mensonges ou bien encore, en profiterez pour filer à l'Anglaise sans trop tirer sur la ficelle.

Et si cela vous met les nerfs en pelote, roulez-en une de ce fil et jetez-là dans un trou de mémoire.

1

« Rien ne sert de mourir, il faut martyre à moins »
(Loth d'Hehil, conseil en communication de Jésus de
Nazareth)

Vous voilà confortablement installés dans mon esprit, alors je vous prie, dès à présent, d'attacher votre ceinture car ça risque de planer sec ou de chahuter par moments ; cette sécurité vous évitera, je l'espère, de vous perdre.

Avant de démarrer, je préfère d'emblée faire la mise au point suivante : n'oubliez pas que vous êtes chez moi. En conséquence : veuillez ne pas fumer, car ceci est réservé à mon cerveau. Il est également interdit de boire ou de manger, les liquides risquant de tacher ma fovéa et les restes alimentaires d'attirer les mouches. Je vous saurai gré de ne pas bavarder : cela peut rendre fou d'entendre des voix intérieures (vous avez vu ce qui est arrivé à Jeanne ou à Bernadette, par exemple). Vous laisserez également vos portables éteints car leurs ondes sont de nature à perturber le fonctionnement de mes neurones déjà suffisamment fragilisés et non renouvelables. Si vous devez aller aux toilettes, faites le discrètement... et dehors. Les malades sont priés de quitter immédiatement ma personne, sous peine de poursuites pour mise en danger de la vie des truies. Ceux qui sont en bonne santé peuvent rester ; en revanche, je ne garantis rien. Voilà.

Je me présente : mon nom est Jean. C'est comme ça que les gens m'appellent. Vous aussi, vous pouvez vous adresser à moi en hélant « Jean ! » ou encore « Hé, Jean ! ». Vous pouvez également le faire en Anglais, Allemand, Belge Wallon, Québécois, Suisse Romand ou Vietnamien. Mais le mieux, c'est que vous vous taisiez, comme je l'ai évoqué plus haut.

Etant donné qu'on ne se connaît pas encore, je ne vous emmène pas chez moi pour l'instant. Nous allons errer ainsi de sujets de première importance en pensées insignifiantes et inversement, selon l'actualité et l'humeur du jour.

Notre promenade commence ici, dans l'ancien quartier d'Hymane Iké qui vit maintenant avec Ryan Afhout, le collègue d'Axel Eyre dont l'oncle et la tante maternels (nous avons fait la connaissance de tous ces gens dans des histoires précédentes, rappelez vous) tiennent la boulangerie Aad que l'on aperçoit, en face, et dans laquelle deux mormons viennent d'entrer, prenant le risque de se faire éjecter par la patronne.

Un mormon, ça se reconnaît au premier coup d'œil : chemise blanche, pantalon sombre et plaque agrafée sur la poitrine, comportant la mention « elder » suivie de son nom. Les témoins de Jéhovah, eux, se reconnaissent moins vite car ils n'ont pas de signe distinctif hormis les magazines qu'ils trimballent ; ils ont l'approche plus sournoise et ne valent pas mieux.

Il faut cependant ne pas trop en vouloir à ces gens qui sont tous nos frères, finalement (selon eux et de nombreux autres illuminés) ; ceci explique par ailleurs pourquoi nous nous comportons certaines fois comme des dégénérés, les études scientifiques ayant montré que la consanguinité favorisait l'apparition et le développement de tares.

Ah, les illuminés ! Qu'est-ce qu'ils la saoulent, Marine (la boulangère) ! La première fois qu'ils étaient venus frapper à sa porte, elle avait pris le temps de les écouter, de défendre son point de vue, mais elle a dû se rendre à l'évidence que cela ne servait à rien ; autant vouloir siphonner le bassin de la méditerranéenne pour y passer à sec, comme disait Moïse (Mickey Moïse). Depuis, elle les reçoit, les sourcils froncés et les bras croisés, les colporteurs de bras en croix. Ce qui l'ennuie, ce n'est pas tant Dieu que la façon dont les hommes le manipulent.

Pourtant, quoi de plus logique à cela ? Car Dieu est un instrument de pouvoir destiné à assujettir les ignorants et les superstitieux. Ne disait-on pas, jadis, que Dieu créa tout en 6 jours et se reposa le 7ème ? Alors qu'on sait maintenant que Dieu n'est jamais fatigué, sinon il ne serait pas lui-même ! C'était simplement une invention des ecclésiastiques pour que le peuple pût régulièrement se reposer, faute de quoi il aurait trop vite crevé à la tâche.

Ainsi, si déjà Dieu était à l'origine du repos dominical et que ses représentants y veillaient, la moindre des choses, c'était de donner son blé à la messe et sa fille au curé.

De même, ne disait-on pas que Dieu créa l'homme et la femme tout seul, le premier avec de la glaise sans avoir le CAP de potier, et la deuxième étant le résultat de l'ablation d'une côtelette du premier ? Vous imaginez la boucherie !

On sait, aujourd'hui, que l'Homme actuel descend de l'Homo Sapiens qui, lui-même, descend d'un Homo je-ne-sais-quoi tout aussi préhistorique et que, parmi eux, il devait y avoir pas mal d'hétéros, faute de quoi nous ne serions pas là.

Dieu a toujours été une explication pratique à l'incompréhensible au point qu'il l'est lui-même pour ceux qui n'y comprennent pas grand chose. De nos jours, l'école, la télé et le web éclairent nos esprits, faisant de l'ombre à celui qu'on a de tout temps fait passer pour un phare.

Il faut cependant reconnaître qu'outre les exécutions d'infidèles et les massacres d'incroyants, de grandes et magnifiques oeuvres témoignent de l'activité religieuse qui lui est dédiée : l'aide et les soins aux miséreux, des réalisations architecturales sans pareil, des compositions symphoniques grandioses... Même les musiques populaires comme le gospel ou des titres pop comme le « My Sweet Lord » (mon seigneur sucré) de George Harrison ont de belles mélodies.

Car Dieu est une belle idée.

Tandis que le Père Noël, lui, est une bonne idée.

La différence ? La belle idée s'adresse à l'esprit, la bonne, au porte-monnaie.

La ressemblance ? Dieu est le Père Noël des adultes.

Finalement, Dieu est une belle *et* une bonne idée !

Cependant, il y a des incroyants qui pensent que Dieu n'existe pas. Soyons sérieux deux minutes ! Tout le monde sait qu'il a parlé à des gens, des personnages célèbres même ! Ne s'est-il pas adressé à Noé, Abraham, Moïse... ? On a des preuves : c'est écrit dans la Bible !

A ce propos, ce bouquin est tout de même le best-seller de tous les temps. Si les droits d'auteur avaient été inventés plus tôt, ceux qui l'ont écrite en vivraient encore bien aujourd'hui... Mais si, avec un coup de pouce du Très-Haut.

Dieu a également parlé à des gens plus récemment : souvenez-vous de Jeanne d'Arc, une pucelle qui rassemble des hommes autour d'elle... Certes, c'est à la portée de n'importe quelle pucelle, mais pour prendre les armes et aller libérer le roi, il a bien fallu une intervention divine, sans quoi les gens de l'époque auraient eu les mêmes réflexions qu'on aurait aujourd'hui : « Qu'est-ce qu'elle a, celle-là ? Elle a fumé la moquette ? Elle est complètement allumée ! »

Et Bernadette Soubirous ? En fait, en ce qui la concerne, plutôt que de lui parler, Dieu a fait appel à une technique plus élaborée en lui envoyant une porte-parole sous la forme d'un hologramme de la Vierge Marie (l'obsession des pucelles). A ce propos, quelle femme exceptionnelle que cette Marie qui a réussi à faire accepter à son époux – Joseph Lecharpentier – qu'elle soit mise enceinte par un autre, tout en conservant sa virginité. Lui, il n'a pas moufté.

Ce qui signifie 3 choses :

1 : l'insémination artificielle ne date pas d'aujourd'hui ;

2 : Joseph avait une grandeur d'âme exceptionnelle (ou bien, il s'était dit qu'il y aurait du blé à se faire) ;

3 : une histoire pareille suppose qu'il y ait la main de Dieu – au moins – là derrière.

Mais revenons un instant en arrière, à ses débuts (je parle de ceux de Dieu) :

Si, dans sa tendre Genèse, il a créé le monde en une semaine, constatant jour après jour que cela était bon, il en a été ensuite tout autrement.

D'abord, avec les dinosaures : trop nombreux et trop volumineux ; de plus, si, en tant que citadin, vous êtes déjà entré dans une étable, imaginez-vous les odeurs qu'il y aurait avec des animaux vingt fois plus gros !

Nourrissant le projet d'installer cette espèce d'humains capable de humer les fleurs, les arômes des vins et du Munster, de sentir le danger et la proximité d'une crotte de chien sur le trottoir, il jugea que cette situation ne pouvait perdurer. Alors basta les dinos !

En lieu et place il éparpilla à la surface de la Terre – et pour notre plus grand bonheur – une ribambelle de bestioles de toutes tailles, comme les oiseaux qui pépient à l'aube, les abeilles qui permettent aux fleurs de forniquer, les vaches qui donnent du lait, les chiens fidèles, les cochons d'Inde et les chats pour tenir compagnie aux mémés. Mais aussi les mouches pique-assiette, les moustiques vecteurs de maladies, les serpents venimeux, les cochons d'infidèles et les chiens qui font des crottes sur le trottoir, tant pis pour la répétition.

Ce ne sont là que quelques exemples ; si vous souhaitez une liste complète, veuillez en faire la demande auprès de M. Noah (pas Yannick, évidemment) plus connu en France sous le nom de Noé, qui jouait toujours en double et dont vous trouverez les coordonnées dans la Bible. Ou à défaut sur Internet. Il doit bien avoir une descendance, car il me semble que sa femme et lui s'étaient embarqués dans la même galère.

Donc, il vit que tout était pas mal. Admettons. Son opinion se respecte. Alors il réalisa son grand projet : la création de l'Homme. Ce fait permet d'ailleurs de mettre un terme à la recherche d'une réponse à l'éternelle question : qui, du bébé ou de la femme était là en premier ? Aucun, puisque ce fut l'homme : Adam.

Or, il advint que l'Homme se développa plus vite que prévu. Dieu avait dû s'emmêler les pinceaux dans la répartition des gênes entre le bipède et les souris (les chercheurs des laboratoires pharmaceutiques l'ont remarqué depuis longtemps puisqu'ils testent les médicaments en premier lieu sur ces rongeurs). Cette situation n'arrangea pas Dieu car il n'avait pas préparé d'autre planète.

Or (répétition volontaire, dans le style biblique), les peuples de la Terre se répartissaient, grosso modo, entre les croyants en lui (car ils avaient été tenus informés), les polythéistes (ignares) et les athées (indépendants). Ils guerroyaient les uns contre les autres, non seulement pour des raisons de territoire ou de pouvoir, mais aussi pour défendre leurs opinions philosophiques ou religieuses.

Cette régulation se révéla cependant insuffisante face à la reproduction galopante de l'Homme. Comme il ne voulut pas réitérer l'« opération dinosaures » où il avait eu la main lourde en faisant pratiquement tout disparaître, Dieu eut une idée géniale (ça vous étonne ?) : il allait leur parler (cf. exemples ci-dessus) ! Comme ça, sans téléphone, tout en restant invisible ; ce qui constituait déjà un prodige en soi.

Il commença par s'adresser à une foule réunie pour un barbecue :

– Peuple d'Israël !

– C'est nous...

– Je sais, je suis votre dieu.

– Mais tu arrives au moment du repas ; tu nous aurais prévenu, on aurait rajouté un couvert ; là, ça va être un peu juste, avait expliqué l'interlocuteur en prenant un air contrit.

– Je n'ai pas faim. Je viens vous parler.

– Dans ce cas, vas-y, nous t'écoutons.

– Vous êtes LE peuple élu. Méfiez-vous de ceux qui viendront dans les temps à venir en utilisant mon nom et mon logo, ce seront des imposteurs. Le vrai prophète vous le reconnaîtrez à son badge officiel. De toutes façons il ne devrait pas venir avant la semaine des quatre jeudis.

— Ok. Bon. C'est tout ? Parce que là, ça va refroidir...

— Oui, c'est tout. Bon appétit ! termina Dieu. Car il est courtois comme un fabricant d'instruments à vent.

Quelques temps plus tard, Dieu aborda une femme dans la rue :

— Femme! Ecoute-moi !

— Oh ! Mais comment il me parle, celui-là ! En plus il se cache !

— Je suis ton dieu.

— C'est ça ! Et moi, la reine de Saba !

— Pas vrai. On n'est pas dans les Antilles, ici.

— Prouve-le, que tu es Dieu.

— Tu es censée me croire sur parole !

— Du bla bla...

— Très bien. Tu t'appelles Marie, tu es vierge et enceinte.

— Vierge, oui, mais enceinte ? Impossible !

— Elles datent de quand, tes dernières règles ?

— Euh... 6 semaines ! Mince, j'avais même pas fait gaffe !... Alors tu veux dire qu'il est de toi ?

— Evidemment.

— Mais que va dire Joseph, il ne m'a même pas touchée !

— Ecoute, fais pas ta nunuche, tu sauras te débrouiller ; et j'ai pas trop le temps, alors, soyons brefs : tu mettras au monde un garçon...

— J'aurais préféré une fille...

— Oh, ça va, hein ! On n'a pas encore inventé les manipulations génétiques ni la PMA !... Ce sera un mâle, ça je sais faire sans bricoler. Il sera mon fils et le prophète annoncé. Tu lui apprendras quelques trucs que je t'ai vu faire, comme : fabriquer des boulettes pour appâter les poissons ou encore le coup de la betterave rouge macérée avec du vinaigre et de l'eau pour faire un breuvage qui ressemble à votre piquette.

– Hé ben ! Les bras m'en tombent !

– Lui, les aura en croix.

Puis Dieu s'en alla en marmonnant : « Voilà qu'elle se prend pour la Vénus de Milo... Je me demande si j'ai bien choisi... »

Ainsi, déjà deux peuples de croyants se mirent à se tirer dans les pattes.

Mais le résultat ne se révélant toujours pas assez concluant dans les temps qui suivirent, il persévéra : à quelques siècles de là, il repéra un homme avec lequel il eut un entretien d'embauche.

– Fils d'Ismaël.

– En quelque sorte... Mes amis m'appellent Momo... Oui ?

– Je suis ton dieu et j'aime assez ce que tu fais. Convertis un max de monde et je saurais te récompenser.

– C'est beaucoup de boulot... et pas évident !

– Entre nous, si tu exploses les compteurs, j'ai un joli petit lot de pépées au paradis qui ne demandent qu'à te faire plaisir...

– Après tout, si c'est pour la bonne cause... J'accepte ! répondit avec enthousiasme ledit Momo.

Ainsi naquirent efficacement et pour une longue durée les guerres de religion.

Voilà déjà assez de matière pour alimenter le moulin à paroles des croyants du monde entier monothéiste afin qu'ils puissent continuer de déclarer : « Dieu existe, je l'ai rencontré » à l'instar de celui qui m'a un jour abordé dans la rue et auquel j'ai répondu :

« Formidable ! La prochaine fois que vous le reverrez, dites-lui bien des choses de ma part ! »

Je n'ai évidemment pas pu lui dire « Je sais, je vous ai reconnu ».

Et Jésus dans tout ça ?

Jésus revient !

Ou « Jésus, reviens ! »

Ce n'est pas pareil ! Dans le premier cas il est prêt à arriver, dans le second, il n'est pas près de partir.

Alors ? Optimiste ou pessimiste ? Exalté ou réaliste ?

Honnêtement, cela m'étonnerait beaucoup qu'il revienne. Il a quitté la cène au sommet de sa gloire pour raccrocher et en est mort. Après une brève réapparition pour les rappels, il s'est définitivement envolé en emmenant sa mère (les femmes et les enfants d'abord), laissant son père croupir sur Terre.

Cependant, quel type extraordinaire ! Imaginez : un prophète de l'islam, adepte de la non-violence, qui multiplie les pains et divise les Juifs en fondant au soleil le christianisme ! Un homme qui marche sur l'eau sans avoir été formé par Rémy Bricka et attrape plus de poisson qu'un Marseillais !... Le discret inventeur des lunettes qui a souhaité garder le secret en envoyant se faire voir ailleurs le bénéficiaire de ses services !

J'ai tenu un jour ce genre de propos, justement dans la boulangerie Aad, au cours d'une conversation avec Marine, la boulangère. Est entrée alors sœur Régénère, de son vrai nom Emerence Inglé, qui a pris le voile au couvent des Ethiquettes, ordre religieux voué à Ste Ethique, patronne des étudiants en chimie textile. Une fois par mois, elle vient rendre visite à sa sœur (biologique, celle-ci) qui réside encore toujours dans le quartier, et passe à cette occasion prendre des pâtisseries. M'entendant exposer mon point de vue au sujet de son dieu, elle m'a apostrophée :

— Dites donc ! C'est facile de critiquer et de vous moquer, mais il y a tout de même de nombreux mystères qui prouvent l'existence de Dieu.

— Lesquels ? Donnez des exemples, ai-je demandé, un brin provocateur.

— La Tour de Babel !

— Un séminaire de traducteurs, pas de quoi en faire un fromage.

— Moïse écartant les eaux pour faire passer son peuple !

— Quand on se pointe sur la plage avec une troupe de pauvres hères qui n'ont jamais vu la mer, il n'y a qu'à attendre marée basse et passer !

— La femme de Loth, changée en statue de sel !

— Pétrifiée, oui ! C'est-à-dire qu'elle n'a plus bougé quand elle s'est retournée et a vu ce qui se passait. Les autres l'ont laissée là et se sont barrés. Après ils ont dit qu'elle a été changée en statue de sel parce qu'il n'avait pas d'autre excuse à leur comportement. Le coup du sel : une idée de Loth car, le matin encore, il l'avait léchouillée et comme elle transpirait à cause de la chaleur, il lui avait trouvé un goût salé. C'est tout bête.

— Et le buisson ardent, hein ?

— Je demande le joker. Il s'agit d'un sujet brûlant auquel je ne veux pas toucher avant d'y avoir réfléchi.

— Ah ! Vous voyez !

— Mais je trouverai une explication, j'en mets ma main au feu. Donnons-nous rendez-vous demain, ici même.

— Ah, pas possible ! Je repars au couvent ce soir.

— Alors, le mois prochain.

— Très bien, j'y serai ! qu'elle a dit sur un ton sec en emportant sa boite de religieuses.

– Au fait, dites-moi, vous qui êtes une professionnelle : Dieu a fait l'Homme à son image... ?

– Oui.

– Il est de quelle couleur ? Blanc ? Noir ? Jaune ?

– Il n'est d'aucune couleur, il est invisible !

2

*« Etre né quelque part
c'est toujours un hasard »
(Maxime Leforestier)*

Voyez-vous ça ! Dieu est invisible ! Ce qui veut dire : soit qu'il a fait l'Homme à son image, c'est-à-dire invisible, et que ce dernier a pris des couleurs avec le temps, au gré des ses pérégrinations sous diverses latitudes, soit qu'il ne l'a pas fait à son image ou qu'il n'existe pas.

Dans le premier cas, celui correspondant à la croyance des principales religions monothéistes, on peut en déduire que, pour les croyants, tous les êtres humains, sans distinction de couleur, de taille, de sexe (remarquez qu'il y a une virgule entre « de taille » et « de sexe ») et autres différences, ont la même origine et donc qu'ils sont à considérer et à respecter de façon égale ; en conséquence de quoi, les croyants ne sont pas racistes. Super ! Un cas déjà réglé !

Dans les autres cas, concernant plutôt les « pas très croyants » et les athées, c'est une autre affaire.

Deux hypothèses sont possibles : la théorie de l'origine extraterrestre et celle de l'évolution.

La première expliquerait que certaines naissances se fassent par la livraison du bébé via une cigogne (symbolisant la venue « d'en haut ») au lieu de l'arrivée plus terre à terre dans un chou ou une rose pour les autres.

Pourquoi la cigogne ? Imaginez donc : jadis, l'enfant qui a entendu, la veille, les cris de sa mère et l'agitation alentour l'empêchant de fermer l'oeil de la nuit et, le lendemain matin, l'a trouvée en compagnie d'un bébé auquel elle accorde toute son attention ; arrive tante Berthe qui annonce: « Tu vois, c'est un beau petit frère que la soucoupe volante a déposé cette nuit ! » L'enfant aurait rétorqué : « T'es fêlée de la carafe, toi ! » en lui enfonçant une fourchette dans la main car, à l'époque, on n'y allait pas avec le dos de la cuillère quand on en avait ras le bol.

Or nous savons, vous et moi, que nous ne sommes pas des E.T. (ou alors, on nous l'a caché). Ce serait donc les autres (que vous et moi), les « aliens » !?

Possible ! Cependant, dire qu'une partie seulement de l'humanité serait d'origine extraterrestre me parait faux, car on a montré depuis bien longtemps que tous les êtres humains sont de la même espèce, qu'elle soit d'andouilles ou d'abrutis ; ce qui fait que nous serions donc tous originaires d'une autre planète (même ceux qui l'ignorent), moyennant quoi, là encore, de la même famille...

Dans le deuxième cas, l'hypothèse évolutionniste, nous sommes les descendants des homo sapiens que nous avons fini par doubler. Et, que le berceau de l'humanité se situe en Afrique, en Asie ou dans une pouponnière préhistorique non agréée par la CAF, nous sommes, cette fois encore, de la même constitution génétique.

Ah ! Comme il est dommage que l'homme de Neandertal se soit éteint ! S'il avait subsisté jusqu'à nos jours, nous aurions au moins un humain d'une autre espèce pouvant nous servir de bouc émissaire et de souffre-douleur ! Par exemple, si l'un d'eux s'approchait d'un groupe de Sapiens en disant : « Ta soeur est bien mignonne ! Pourrais-je lui parler ? », on lui répondrait : « Hé l'autre sous-espèce ! Qu'est-ce qu'y veut, le Neandertal ! T'as vu ta tronche ? Ma soeur est pas une pute ! Casse-toi sinon j'appelle mes potes et on te fait la peau ! » Ce qui serait possible car le Neandertal ne serait pas protégé par la loi qui s'applique aux Sapiens (et aux animaux grâce à la SPA). Alors, après avoir mis les pieds dans le plat, il tournerait les talons et prendrait les jambes à son cou en pensant : « Il est débile, celui-là, même si je lui nique sa mère ça lui fera pas un frère ». Car l'accouplement entre deux espèces différentes est généralement stérile (le coté pratique étant de ne pas avoir besoin de moyen contraceptif).

Si donc nous sommes tous de la même espèce, pourquoi y a-t-il des blancs qui n'aiment pas les autres couleurs et inversement ?

N'avez vous jamais entendu de blancs dire : « J'aime pas les bronzés » ? Pourtant ils sont fiers, au retour des sports d'hiver ou de la plage d'arborer la marque des lunettes ou d'exhiber celle du maillot. Ceux qui s'en reviennent avec la peau rouge – mais ridicules car ce ne sont pas des Apaches – iront préalablement faire un tour au solarium, la prochaine fois.

En fait, ces blancs aiment la couleur mais pas chez les autres.

Certains n'aiment pas les bridés. D'accord, ils sont partisans de la zen attitude, louent les délices et la légèreté de la cuisine chinoise et ne dédaignent pas les massages thaïlandais...

En fait, ces blancs aiment ce que les autres font... pour eux.

Bref ces gens aiment ce que les autres ont... Mais ils n'aiment pas les autres.

Conclusion : il y a des blancs jaloux des non-blancs avec toutes les conséquences que cela entraîne et, forcément, les non-blancs le leur rendent bien, d'autant plus qu'ils ne valent pas mieux.

D'aucuns prétendent qu'ils n'ont rien contre les étrangers s'ils restent chez eux. Car « ils viennent chez nous, piquer notre boulot et vivre des allocs... »

Admettons. Mais je n'ai pas encore entendu quelqu'un se plaindre d'être la tête de Turc des recruteurs parce qu'il a une tête de Français ; ni un patron français préférer embaucher un étranger plutôt qu'un Français, sauf peut-être à l'Etranger...

Et celui qui travaille ne vit pas des allocs.

Bon, allons, ne nous voilons pas la face, les goûts et les couleurs... chacun ses préférences. Aimer les mélanger ou non, ça ne se discute pas. Tous les goûts sont dans la nature. La nature est ainsi faite. La nature nous a ainsi faits. Et pour continuer de vivre, laissons vivre la nature dans sa diversité... d'Europe jusqu'en Asie en passant par l'Océanie et d'Amérique jusqu'en Antarctique en passant par l'Afrique... Ce qui m'offre une occasion de transition puisque l'évocation du continent noir me rappelle immanquablement la chanson de Nina Hagen « African Reggae » où elle dit entre autres et en substance : « Qu'irais-je faire en Afrique en tant que femme alors que l'homme noir castre la femme noire, aïe aïe ! ». Bien entendu je vous en donne ici une traduction, l'originale étant germaine... Non, ce n'est pas le prénom de la chanteuse puisqu'elle s'appelle Nina, comme je l'ai déjà dit ;

simplement, il se trouve que cette punk qui t'étonne est teutonne.

Revenons à notre affaire de castration. Cette pratique sauvage de l'humain mâle sur sa femelle démontre bien que le premier est animé d'un sentiment de supériorité sur la deuxième. L'état d'esprit que manifeste ainsi l'homme, tire sans doute son origine d'un complexe d'infériorité lié au fait que la nature l'a privé d'un petit morceau (de gène) en affublant ainsi son « X » d'un « Y » alors que la femme, elle, possède deux beaux « X » que l'homme ne se lasse pas de regarder voire de s'en faire tout un film.

Cette configuration alphabétique provoque déjà, à première vue – n'importe quel aveugle peut le dire – une différence palpable entre les deux protagonistes. Dans un deuxième temps, on doit se rendre à l'évidence que la femme est, par certains aspects, supérieure à l'homme ; n'importe quel gorille (sauf, peut-être, un garde du corps) peut le dire ; ce qui explique que cet imposant simien ait choisi de s'arrêter là dans son évolution, son coffre et sa masse musculaire lui donnant encore l'avantage sur la femelle qui ne dispose pas d'une association féministe pour la défendre.

La supériorité potentielle féminine ne convient bien évidemment pas à l'homme, qui s'ingénie à singer les autres hominidés afin de trouver des astuces lui permettant de rester le dominant.

Force est alors de constater que la discrimination n'est pas seulement une affaire de couleur mais aussi une histoire de sexe.

Voilà donc l'occasion de faire un petit tour de la question à travers quelques exemples qui ne vous auront pas échappé.

Le premier m'est inspiré par une conversation entre Pia Nodroit, Ryan Afhout et leur patron, Armand Joux, dont les propos m'ont été rapportés par Axel Eyre :

– Vous trouvez normal que, pour un poste donné, souvent la femme soit moins rémunérée que son alter ego masculin ?

– Y a pas de ça chez nous, Pia !

– Forcément, aucun de nous n'a exactement les mêmes fonctions ; difficile de comparer... Mais je veux dire, d'une façon générale...

– Vous savez, la femme a plus de chance d'être enceinte qu'un homme ! Or les absences des salarié(e)s pour malaises, les congés maternité etc... ont un coût... Je comprends certains patrons...

– Oui, mais dans son travail, la femme est au moins aussi performante que l'homme ! Ça mérite un même salaire ! Y a qu'à répartir les coûts sur l'ensemble du budget des RH...

– Moi, je propose qu'on accorde aux futurs pères les mêmes droits en termes de congés maternité qu'aux mères ; ainsi, ça équilibrera les choses et on pourra équilibrer les salaires, a conclu Ryan dont on ne sait trop s'il souhaitait l'égalité de traitement ou plus de congés.

Dans certains cas extrêmes, il arrive même qu'une employée à un poste de secrétaire soit appelée à occuper une position dessous directeur pour le même salaire !...

Un autre exemple me vient de Gaspard Alysant qui m'a un jour fait part de sa stupeur en voyant une femme voilée de la tête aux pieds. Son explication a été la suivante : « Ou bien elle est moche et son mari craint que les autres hommes fassent des remarques du genre : 'Oh, t'as vu sa meuf ! C'est pas un canon, c'est un cratère d'obus ! ' ou bien elle est belle et il a peur qu'un type – plus riche ou plus costaud que lui – la lui pique-nique... Alors il la cache sous une tente portable avec juste une fente pour qu'elle se mange pas un poteau... »

L'alternative à cette version soft me procure un troisième exemple : le cas de l'homme qui laisse sortir sa compagne sans emballage particulier puisqu'il s'occupe de façonner sa silhouette à coups de mains et de pieds, laissant croire de la part de celle-ci, que le port de lunettes en intérieur, un maquillage maladroit et une démarche titubante, sont des effets de coquetterie ou d'une nuit blanche festive dignes d'une star.

Et, puisque nous sommes dans le registre « sévices à la personne », rappelons brièvement l'exemple qui a lancé le sujet par la voix de Nina : la coutume ancestrale qu'est l'excision, dont Mansour (Kevreh Mansour, le stagiaire de Tourjoux) dit « qu'il faudrait couper les lèvres de tête aux coupeurs de lèvres de ventre, ça leur ferait un sourire à la mesure de ce qu'ils font souffrir ».

Malgré tout – et tant mieux – une majorité d'hommes ne se comportent pas ainsi. Par ailleurs les femmes sont intelligentes et malines et dirigent les hommes dans le sens qui leur convient. D'ailleurs, je ne résiste pas à la tentation d'évoquer le diction féminin que vous avez certainement déjà entendu et que m'a rapporté Aviva : « Les hommes, on les attrape par les couilles et on les tient par le ventre ». De là, à dire que ce sont des taureaux doublés de chats serait exagéré. Mais, heureusement pour elles, ce sont bien des cochons et pas des lézards.

Pour équilibrer ce propos, je citerai ce proverbe de Rolf Elder : « Les femmes, on les attire avec la carte bancaire et on les garde en leur donnant le code ». De là, à penser qu'elles sont toutes sous le charme de l'argent, serait excessif... n'est-ce pas ?... Comment ?

3

> *« Les magnétiseurs attirent l'argent*
> *Mais est-ce qu'ils bandent magnétique ? »*
> *(Rolf Elder / Aviva Lure)*

Ah, l'argent, le fric, la tune, le flouze, le pèze, les boules, les balles, les pépettes, l'oseille, le grisbi, ...le blé qui fait de nous des fauchés quand nous n'en avons plus; ce blé qu'on fauche, quelquefois discrètement, donc par traîtrise, car comme dit le proverbe « C'est en fauchant qu'on devient faux jeton ».

Pourquoi certains politiciens vendraient-ils pairs et maires ? Pour quelle raison le boxeur distribue-t-il des châtaignes et le marchand de fruits les propose-t-il à l'étalage ? Qu'est-ce qui pousse la mercière à vendre ses fils ? Quelle motivation provoque le sourire chez cette dame court vêtue à chaque fois qu'un monsieur la croise ? Pourquoi le policier fait-il le tour de votre voiture alors que vous lui avez présenté des papiers en règle ? Que vous soutire un parcmètre et vous retire un organisme de crédit ? Que retirez-vous au guichet de la banque et quel est son intérêt ?... La liste est longue…

Pour quoi passer sa vie à trouver de l'argent ? Juste pour trouver de quoi vivre (voir Venise et mourir) ?

Pourquoi cette course à l'argent ? Juste pour faire les courses (et y jouer) ?

… ou acheter les excès de la consommation ?

Justement, tiens ! On paye beaucoup pour tout ce qu'on ne consomme pas : une bonne part des taxes, les produits périmés en magasin qu'on jette parce qu'on a cherché à les vendre plus cher que de raison et ceux de la maison qu'on a acheté sans réfléchir, la marge supplémentaire du détaillent sur le vêtement qui nous a fait craquer avant les soldes, mais aussi notre propre argent !

Faites-vous partie de ceux qui possèdent une carte bancaire ? Alors vous êtes également de ceux qui paient pour dépenser leur argent, puisqu'elle n'est pas gratuite, la carte ! Et on nous incite de plus en plus à l'utiliser, non ? Voyez le nombre croissant de caisses de supermarché uniquement dédiées à ce mode de paiement et le nombre décroissant de guichets bancaires disponibles avec un interlocuteur vivant...

Si ça continue, d'ici 20 ans il faudra offrir un lecteur de cartes aux enfants avant de pouvoir leur donner de l'argent de poche !... Il faudra encore payer pour donner !

Alors, vive le troc !?...

Bon, le troc, c'est bien... Mais je me vois mal débarquer chez mon généraliste avec une vache pour lui tirer 25 litres de lait en règlement de la consultation ; on n'est pas chez Dr Queen, femme médecin au fin fond de l'ouest américain du XIXeme ! Siècle, évidemment, pas arrondissement!

Non, on peut difficilement se passer d'argent avec notre mode de vie. Pour d'aucuns, l'argent, c'est le sang... D'accord. Toutefois, convenons qu'il est préférable de l'avoir dans les mains que sur les mains... Vous me direz qu'il y en a qui s'en lavent les mains. « Hé ben, c'est du propre ! » selon l'expression consacrée qu'employait Adèle, mon ancienne voisine, celle que j'évoque avec Axel dans « Le huitième vide ». Elle portait bien son nom – Frick – car elle en avait relativement pas mal. Pas sur les mains, probablement, mais sous le matelas. Sur lequel elle a d'ailleurs rendu – par honnêteté sans doute – son dernier soupir.

Ah l'argent ! Celui des traders qui roulent sur l'or et finissent en taule, celui du banquier qui propose à son client en difficulté une autorisation payante de découvert – destinée à réduire les agios – au lieu de lui suggérer de dépenser en fonction de ses revenus, ce même banquier qui joue avec l'argent de ses clients et, lorsqu'il perd, vient réclamer de l'aide à l'Etat dont les caisses sont alimentées par les pigeons que le banquier vient justement de plumer... Celui du cuisiniste qui prétend être aux taquets et fait craquer le jeune couple en proposant une remise de 25% appliquée au prix de vente (lui-même calculé avec un coef 4 sur le prix de revient), celui du supermarché dont les prix augmentent et les remises s'évanouissent entre le rayon et la caisse, celui des collectivités territoriales qui engloutissent des fortunes dans des travaux mythiques alors que le citoyen lambda (illustre inconnu célébré sous ce nom) souhaite simplement qu'on améliore l'état de la chaussée qu'il emprunte quotidiennement pour aller au travail, gagner sa vie et de quoi payer entre autres la taxe d'habitation servant à financer lesdites collectivités, l'argent de l'économie souterraine qui va se réfugier aux paradis, le....

Bon, cessons les lamentations ; ce n'est pas comme ça qu'on n'empêchera financiers et politiques de jouer au monopoly avec la sueur de notre front... Maintenant, si vous avez d'autres exemples, discutez-en entre vous. Mais plus tard. Merci.

Parlons d'autre chose. De quoi ? Et si on parlait d'amour ?

Non ; l'amour, on n'en parle pas. L'amour on le vit, on le fait et, si on veut l'exprimer par la parole, c'est avec des mots de coeur et non des mots de tête.

– Love, love me do...
Ah ! Mon téléphone. Oui, je sais, j'ai encore changé de sonnerie. Et alors ? Chut ! Oui... Bonjour... Aude... Bien sûr que je me souviens de vous !... Oui... Aujourd'hui ? C'est que j'ai du monde, et plein la tête... Ah ?... Bon, attendez, je réfléchis une seconde... OK, ça ira... Alors à tout à l'heure !

Voilà, je viens d'avoir Aude Van Delle, de Cerumen FM, qui veut m'interviewer pour sa chronique « Rien n'est son pareil ». Vous connaissez ? Peu importe.

Nous avons rendez-vous chez moi cet après-midi pour enregistrer cela ; je compte sur vous pour rester discrets.

En attendant, je vous laisse pour aller déjeuner en paix. Mais sans Stephan car il est cher. Pourtant il vit en France. Est-ce pour échapper au fisc suisse ? Zut, nous revoilà dans des histoires d'argent ; décidément, on n'y échappe pas !

Allez ! Bon appétit.

4

Voilà ! Le temps de passer à un nouveau chapitre nous aura permis de nous sustenter. Je ne vous offre pas le café pour les raisons de propreté que j'ai évoquées d'entrée. De toutes façons, j'attends la venue d'Aude pour en faire couler un, au cas où elle préfèrerait un thé...

Oh ! On sonne à la porte ! Elle est vachement en avance, la fille, dites-moi !

– Tiens ! Camille ? Salut ! Je ne m'attendais pas...

– Forcément, je ne t'ai pas prévenu...

– Entre !

– Non, j'en ai juste pour une seconde... Je voulais te dire que ton téléphone fixe est mal raccroché. J'ai essayé de te joindre plusieurs fois mais ça sonne toujours occupé.

– Ah bon ? Ben, je vais voir ça. Merci !

– Y a pas d'quoi ! Ciao !

– Ciao !

Alors, voyons voir ce téléphone. Effectivement, je n'ai pas coupé la dernière communication et comme le combiné n'est pas sur sa base... Voilà qui est fait. Je comprends pourquoi il n'a pas pu me prévenir de son passage. En même temps, s'il avait pu me joindre il n'aurait pas eu besoin de passer. Et comme c'était pour me dire que mon appareil était en dérangement, il ne l'aurait pas été dans ce cas et donc il n'aurait pas eu besoin de m'appeler pour me prévenir... Bon, ça devient compliqué...

Quoi qu'il en soit, c'est vraiment un brave gars, ce Camille : hier, je lui ai prêté un peu attention et voilà qu'il vient déjà de me la rendre ! L'autre fois, je lui ai prêté main forte, suite à quoi il m'a donné un coup de main ! J'ai loué son franc parler, il a acheté mon silence ! Quelque chose lui donne des nausées : il rend. Mais si quelqu'un se paye sa tête, il la lui prend...

Oh ! On sonne à la porte ! Encore Camille ?

– Ah ! Bonjour !

– Bonjour ! Je suis Aude Van Delle... Vous êtes Jean ?

– Si vous avez sonné à la bonne porte, c'est bien moi.

– Je suis au 69 rue Técoïte, alors ce doit être bon...

– Je ne vous le fais pas dire ! Entrez donc ! Vous prendrez un café ?

– Je veux bien, merci.

– Il faut juste patienter le temps que je le fasse couler. Je n'en ai pas préparé d'avance comme je l'ai dit tout à l'heure.

– Vous parliez tout seul ?

– Non... C'était une façon de parler... Prenez place, j'en ai pour 37 secondes...

– Vous êtes précis !

– Vous, en avance !

– Désolée, je ne voulais pas arriver en retard !... Dites donc, avec vous il faut avoir de la répartie !

– Eh oui ! Rien ne sert de discourir, il faut répartir à point ! ... Voilà, ça coule... Je suis à vous.

– Vous avez un intérieur assez particulier…

– A mon image !

– Je vois que vous avez peint une colonne en rose...

– Non, non. C'est le poteau rose que j'ai découvert...

– Dans quelles circonstances ?

– Atténuantes.

– Rien de grave, alors ?

– A part une douleur aiguë, non.

– Bon, si on passait à l'interview ?

– Ah Vous n'aviez pas commencé ?

– Non, c'était juste de la curiosité... Le temps d'allumer mon appareil... Voilà... Dans « Rien n'est son pareil », nous sommes aujourd'hui en compagnie de Jean, que peu de gens connaissent, et pourtant...! Cet homme, aussi sympathique qu'excentrique selon son entourage et que je vous propose de découvrir, est l'auteur de sketches interprétés par Sénèque + Ultra qui sont régulièrement diffusés sur Cerumen FM, des Fables du Robinet mais également d'une série de récits intitulée « Les histoires de Jean peu ordinaires », dont plusieurs tomes ont déjà été publiés. Bonjour Jean !

– Bonjour !

– A quand le quatrième ?

– On est en plein dedans.

– Vous voulez dire que vous y mentionnerez cette interview ?

– Exactement. Et je voudrais profiter de l'occasion pour signaler que ce tome 4 se voudra être une transition entre les trois premiers et les suivants.

– Vous comptez en écrire d'autres ?

– Tant que je pourrai compter, oui... Cependant, voyez-vous, ce tome 4 risque de paraître après le cinquième pour lequel j'ai déjà actuellement plus de matière...

– Une véritable course contre la montre pour les publier dans l'ordre, alors !?

– Plus dur que ça ! Dans une course contre la montre, on est sûr de gagner car la montre ne bouge pas, même quand elle avance !

– Oui, je sais, le temps passe mais les montres restent... Bon !... Bien, alors parlons de ces récits. Quelle est votre source d'inspiration ?

– Principalement les narines. Occasionnellement la bouche...

– Et en ce qui concerne les histoires peu ordinaires ?

– Je raconte des histoires survenues dans mon entourage et auxquelles j'ai été mêlé...

– Ce sont des histoires vraies ?

– Tout à fait !... Mais basées sur des faits imaginaires.

– Comment ça ?

– J'imagine une situation, je la confie à des gens que je connais et ils se mettent à la vivre... Après quoi je n'ai plus qu'à relater les évènements en les enrobant d'un peu d'humour.

– Vous êtes une sorte de David Guetta de la littérature...

– Bravo ! Vous m'avez bien eu !... (rires) En fait je pense être plus créatif que commercial, ce qui me placerait plutôt à l'opposé... Mais je vous laisse juge... À propos, vous ne diffusez pas ce genre musical sur Cerumen !

– Ça ne correspond pas à notre format... et tant mieux ! Comme dit Bruno Racine : « les DJ sont à la musique ce que les fast-foods sont à la gastronomie... »

– Du point de vue de la qualité ?

– Plutôt du goût et de la créativité... Mais reprenons : Vous avez dit que le tome 4 est une transition...

– Oui. Je pense adopter dorénavant un style qui fait appel à un humour plus immédiatement accessible, moins tortueux et pouvoir ainsi toucher un lectorat plus large...

– Englobant les auditeurs de musique techno ?

– Pourquoi pas ? J'en serais ravi ! (rires)... Mais je ne pense pas arriver à écrire un texte en utilisant moins de 100 mots différents...

– Oh ! Vous êtes dur !

– Ah ? Vous êtes sûre ?... Bon, mais ce n'est pas tout... Je vais vous donner une scoop...

– On dit *un* scoop !

– Ah oui ! Excusez-moi, j'ai confondu avec une scoop volante... (rires cons)

– Alors ?...

– Voilà : dans les 3 premiers tomes, les histoires sont contemporaines ; je narre en utilisant le présent. Eh bien, la prochaine (peut-être *les* prochaines) datant de jadis, je narrerai en utilisant le passé !

– Oui... Bon....

– Bien que je sois narrant, cela n'a rien d'extraordinaire, n'est-ce pas ?

– Effectivement.

Alors, écoutez la suite : figurez-vous, tandis que je vous dévisage, qu'il y a peu, j'ai découvert un épais ouvrage...

– Ça rime !

– J'espère que ça rime... à quelque chose, surtout !

– À ce sujet, il semblerait que des alexandrins se cachent dans vos récits, non ?

– Possible ! Ce sont peut-être des passagers clandestins !... Mais c'est toujours mieux que des Cairotes cuites...

– Exact ! Mais j'ai interrompu vos explications à propos du livre...

– Oui. Je voulais donc dire qu'il s'agit d'un ouvrage ancien dans lequel sont relatés des faits s'étant déroulés en divers lieux et époques du passé ; cela semblerait remonter non pas un jouet mécanique mais jusqu'en des temps très reculés ! Je n'ai pas encore tout lu, mais ça promet !

– Et de qui tenez-vous ce vieux grimoire ?

– D'une vieille armoire.

– Et où se trouve-t-elle ?

– Oh ! Vous êtes bien curieuse !

– Non, c'est juste pour l'interview...

– Mais faut pas pousser, je garde l'endroit secret...!

– Alors, le premier récit dans ce grimoire, de quand date-t-il ?

– Impossible à dire pour l'instant !... Voyez-vous, une des choses étranges concernant le Grimagine (j'appelle ainsi cet ouvrage), c'est que lorsqu'on veut le lire en commençant par la première page (la plus ancienne), cela se révèle impossible ! Les caractères sont indéchiffrables ! En revanche, si l'on commence par la dernière, le texte est tout à fait clair, écrit dans un français compréhensible ! Ensuite, lorsqu'on continue normalement la lecture, en progressant de page en page à rebours, les écrits se révèlent au fur et à mesure !

– Alors il suffit de feuilleter rapidement jusqu'au début et on a la réponse !...

– Eh non ! Il faut d'abord avoir lu la page « n » avant de pouvoir lire la page « n-1 » !

– Alors, quand saurons nous ?

– Oh, j'ai tout mon temps pour lire... ! Guettez mes publications et vous saurez !

– Bon ! Eh bien nous devrons êtres patients !

– Exactement ! Comme chez le médecin !

– A propos de vos textes : quels qu'ils soient, ils sont toujours teintés d'humour. Vous le pratiquez sous diverses formes, tantôt fin ou sarcastique, tantôt premier degré voire trivial, vous usez du jeu de mot, du jeu de son, du comique de situation, de l'absurde... Pensez-vous encore ajouter d'autres facettes à cet éventail ?

– Vous voulez dire : « À cette boule »...?

– Oui...

– Ben, j'en sais rien, ça vient comme ça vient, ce n'est pas prémédité ! Vous savez, la langue française est si riche en mots et subtile dans ses nuances que c'en est presque de la provocation à l'humour ! Tout est prétexte à jeu de mots... Tenez, vous avez évoqué la bourrée bretonne...

– Non, non, je n'ai pas parlé de bourrée bretonne...

– Qu'importe ! Saisissons alors ce malentendu pour faire un exemple : il suffit d'intervertir ces trois mots pour avoir « la Bretonne bourrée » au sens radicalement différent ! On peu même pousser plus loin en terme d'homophonie pour avoir « bourré la Bretonne » !

– Oh !

– Peu élégant d'évoquer ce style de danse, j'en conviens.... Sinon, pour en revenir à votre question, la seule chose que je puisse dire est que j'ai essayé l'humour triste mais j'ai fini par laisser tomber...

– Pourquoi ?

– Ça me mettait les larmes aux yeux...

– Une autre question, cette fois à propos de vos fables : Pourquoi intitulez-vous cet ensemble les « Fables du Robinet » ?

– Il faut vivre avec son temps ! De nos jours, on a l'eau courante, on ne va plus au puits sur la place du village !

– Et quand comptez-vous les publier ?

– Quand j'en aurai assez !

– Vous pensez que vous allez vous en lasser ?

– Non, ce n'est pas ce que j'ai dit ! Je ne vais pas m'en servir comme de lacets mais j'attends simplement d'en avoir suffisamment pour constituer un petit recueil...

– Ce qui les caractérise aussi (j'ai pu en lire l'une ou l'autre), c'est qu'elles ne mettent pas uniquement en scène des animaux mais également des personnes, voire des objets...

– Que voulez-vous, tous les Jean ne se ressemblent pas !... Un Jean est un Jean, rien n'est son pareil !

– J'ai vraiment bien fait de vous interviewer (rires convenus)... Hormis vos histoires, vos fables et vos sketches, est-ce que vous écrivez encore d'autres choses ?

– C'est déjà pas mal, non ?

– Bien entendu...

– Mais vous avez raison... Je travaille depuis quelques années sur un almanach « laïc », comprenant un calendrier crétin, que j'ai appelé le « Calendrier aux Saints Aréolés ».

– Vous ne voulez pas en dire davantage ?

– Je vais faire mon petit commercial : si vos auditeurs veulent en savoir plus, je les convie à lire « Camille et la perruche rouge » où j'aborde le sujet.

– Je confirme ! Je l'ai lu. Mais vous avez commencé ça depuis quelques années déjà, vous pensez le finir un jour ?

– J'y pense...

– ... Donc, j'y suis, comme dirait l'autre...

– Bravo !... Mais l'autre à tort : j'y suis pas encore.

– Alors parlons des sketches et d'abord, de votre rencontre avec Sénèque + Ultra que j'ai déjà eu beaucoup de plaisir à recevoir...

– En vous ?

– Dans ma chronique.

– Ça ne s'arrêtera donc jamais...

– Quoi donc ?

– Votre émission.

– Je le souhaite !... Mais qu'en savez-vous ?

– Quand c'est chronique, c'est à vie...

– Comme votre excentricité, quoi !

– Exact ! En plus elle déteint sur mes visiteurs !

– Oh, mon Dieu !

– Vous êtes croyante ?

– Non.

– Oh, mon oeil !

– Vous êtes voyant ?

– Non.

– Alors, vous voyez, vous pouvez me croire...

– J'allais vous le dire !

– Pourquoi ?

– Vous êtes déjà atteinte par mon atmosphère excentrique !

– Nom d'une pipe !

– Vous fumez ?

– Non.

– Alors vous s...

– Chut ! Voyons !

– Très bien. Alors, reprenez votre interview.

– Oui, où en étais-je... Ah, oui ! Votre rencontre avec le duo d'humoristes...

– C'était il y a une bonne dizaine d'années, je descendais vers le sud pour passer quelques jours à Cannes. J'avais pris les routes nationales plutôt que l'autoroute (je trouve ça moins monotone et moins cher) lorsqu'à la sortie de Grenoble je m'étais un peu perdu. J'avais alors fait halte dans un café-restaurant pour me renseigner et me sustenter car il était tard et je n'avais pas encore déjeuné. Dans la salle se trouvaient deux clients attablés et le patron en train d'essuyer des verres comme dans les films.

Ça a donné à peu près ça :

« Bonjour ! » ai-je dit, car je suis poli.

« Bonjour ! a répondu le cafetier, on est fermé !

– Ah ? J'avais pas vu que j'étais passé à travers les murs. C'est parce que je suis mort de faim, sûrement !... En plus, je me suis perdu, je cherche le midi.

– Il est 14 heures ! On ne sert plus.

– Et eux ? ai-je demandé en indiquant les deux types.

– C'est pas pareil. C'est des artistes, ils mangent tard...

– Quel genre ?

– Comique.

– Et alors ! Vous ne trouvez pas comique un gars qui a perdu le sud ?

– Plutôt navrant ! En général on perd le nord.

– Vous savez, quand on est déboussolé, on est un peu à l'ouest...

– Ici vous êtes à l'est.

– J'en viens.

– Vous tournez en rond, quoi...

– Depuis le dernier rond-point, oui.

– Vous auriez dû prendre la rue Poincaré !

– Monsieur ! m'a soudain hélé l'un des deux clients en souriant.

– Oui ?

– Vous mangeriez la même chose que nous ?

– Tant que ce n'est pas ce que vous avez mâché, oui ! Qu'est-ce ?

– Du gratin dauphinois !

– OK.

– Patron ! Une assiette pour monsieur » a-t-il commandé tandis que l'autre m'invitait à les rejoindre à table.

Ces deux-là, comme vous l'avez deviné c'était Sénèque + Ultra. Nous avons fait connaissance et, agréablement surpris par mon dialogue avec le patron, ils m'ont proposé de leur écrire un sketch. Ainsi est née notre collaboration.

– Eh bien, comme quoi, en perdant le chemin de Cannes, vous avez trouvé celui du spectacle... Mais, dites-moi, le dialogue, vous l'avez mené avec le cafetier qui se défendait pas mal non plus, me semble-t-il ; ils lui ont aussi demandé de participer à l'écriture ?

– C'était déjà le cas bien avant mon arrivée puisque ledit patron était leur manager !

– Dans ce cas... Ce sera le mot de la fin, si vous le voulez bien...

– Ai-je le choix ?

– Non. Le timing.... Désolée... Nous étions en compagnie de Jean que, j'espère, les auditeurs connaissent un peu mieux maintenant... Et je vous renvoie à ses livres dont vous trouverez la liste sur notre site Cerumen.fm.eu Au revoir Jean !

– Au revoir !

– Avant de nous séparer, je vous propose d'écouter en exclusivité, le tout nouveau sketch de Sénèque + Ultra écrit par Jean : « Affaire d'héritage ».

Quant à moi, j'ai le plaisir de vous proposer un moment d'interactivité en vous laissant le choix, soit de lire la suite et prendre connaissance du sketch, soit de sauter directement au chapitre suivant sans perdre le fil du récit qu'on vous a conseillé, rappelez-vous, de ne jamais lâcher !

– Vous avez entendu parler de ce type qui a hérité d'une tante, à Sion ?

– Quelle tentation ?

– Non, lui, il est de Sion mais sa tante est morte à Delle. C'est une ancienne charcutière. Elle possédait dans ses papiers des parts d'un château en Espagne que feu son mari avait achetées jadis...

– Moi j'hériterai peut-être d'un oncle d'Amérique...

– Vous avez un oncle américain ?

– Oui, dans l'Ontario.

– C'est au Canada, ça !

– Et le Canada est en Amérique du Nord, non ?

– *Effectivement.*

– *Il a épousé une Canadienne.*

– *Qui est donc devenu votre tante...*

– *Exact ; mais c'est lui qui couche dessous...*

– *Et il est riche ?*

– *Bof ! Il aurait pu, avec le sport... Mais depuis qu'il vit au Canada il s'est mis au caribou.*

– *Il en élève ?*

– *Non, il en boit.*

– *Ah, tiens ?... Donc c'était un grand sportif, vous vouliez dire ?*

– *Tout à fait ! Un champion de saut en hauteur !*

– *Il devait avoir du ressort !*

– *De bonnes gambettes, surtout ! Il dit toujours : « il faut de longues jambes pour bien prendre un élan... même une femelle ».*

– *S'il le dit... Alors il fait quoi maintenant ?*

– *Il est justement dans l'élan.*

– *Il va bientôt sauter, dans ce cas !*

– *Pas du tout, c'est pas un fanatique !*

– *Il s'agit d'une boisson comme le caribou, là aussi ?*

– *Non, de l'animal ; il est éleveur.*

– *Et comment il est venu à l'élan ?*

– *Bêtement, en faisant ses courses... Ma tante voulait cuisiner un sauté pour le déjeuner. Comme il en n'a pas trouvé, il a rapporté du saumon.*

– *C'est vrai que ça saute bien aussi, ces bêtes-là...*

– *Mais il s'est coincé une arête dans la gorge ; ça l'a traumatisé. Il ne voulait plus manger de poisson et, comme il cherchait du boulot, pour faire d'une pierre deux coups, il s'est lancé dans l'élan !*

– *Et ça rapporte ?*

– *Moins que les chiens.*

– *Vous pensez hériter quoi, dans ce cas ?*

– *De « Ma cabane au Canada ».*

– *Un bien immobilier, c'est déjà ça !*

– *Non, c'est une chanson sur un disque vinyle qu'il compte m'offrir en souvenir.*

– *Voilà au moins quelque chose qui tourne bien !*

– *Et, pour hériter, je n'aurai pas à passer chez le notaire !*

– *Moi, je connais quelqu'un qui est passé à la poste hériter.*

– *Il est célèbre ?*

– *Non, timbré !*

– *Et qu'a dit le facteur ?*

– *Il l'a envoyé paître.*

– *Comme les élans de mon oncle, quoi !*

– *Hé ben, vous êtes une vraie tête de bois, vous !*

5

« Dans une course contre la montre, on est sûr de gagner car la montre ne bouge pas, même quand elle avance ! »
(Jean)

Ah, le temps ! Combien de philosophes et de physiciens l'ont-ils déjà pris pour le définir ou le mesurer à coup de théories et d'appareils en tous genres ? Moi-même, qui ne suis bardé d'aucun diplôme légitimant la qualité de mes réflexions, j'ai déjà abordé le sujet comme un pirate le ferait avec un vaisseau royal en m'attaquant à ce prince de l'instant, cet empereur du moment !

Las ! J'ai échoué ! Échoué sur une plage de sable fin lumineux qui, périodiquement, m'a ballotté en tous sens, me mettant dans des situations renversantes jusqu'à ce que je me fusse rendu compte de ma condition : j'étais prisonnier d'un sablier.

Suite à mes anesthésiantes méditations, je me suis réveillé, ne conservant dans mes souvenirs que quelques bribes de conclusions, celles dont je vous fais occasionnellement part au cours de mes récits et vous en livre encore quelques échantillons ci-après :

« Le temps est la différence entre le premier cri et le dernier souffle, entre la première fois et l'habitude, c'est l'espace entre la lettre majuscule et le point-à-la-ligne... » Et un dernier pour la route : « Le présent est la représentation que se fait l'esprit du point de jonction entre le passé et le futur »...

Voilà, voilà, voilà...

Mais tout ça n'est pas marrant et j'ai une réputation à défendre, moi !

Oh ! Mais qui vois-je arriver là ! Les 3 H, comme je les appelle, les soeurs Iké. Vous aviez déjà rencontré Hymane (que j'ai d'ailleurs évoquée au chapitre 1) et Hélène ; les voici aujourd'hui accompagnées d'Hérade.

– Salut les filles !

– Salut Jean ! (x3)

– Alors, vous sortez sans les hommes ?

– On savait pas quoi faire, alors on s'est décidées pour les soldes et c'est pas trop leur truc... Mais ça nous occupe !

– Parle pour toi, Hérade, moi j'aime bien quand je passe le temps avec mon petit ami...

– Pourquoi ? T'as des cailloux dans le sablier ?

– Comment ?

– Ben, qu'est-ce que tu tamises ?

– Dis donc, Hymane, t'aurais pas fait un séjour chez Jean, récemment ?... Parce que ça chauffe, là-haut !

– Non ! Je suis prêt à témoigner... Par contre j'ai eu droit à la visite d'Aude Van Delle, de Cerumen FM !

– Oho ! Une interview ?

– Exact !

– Et tu l'as pas rendue folle ?

– Non, pas du tout ! Elle a de la répartie et elle est repartie au bout d'une heure, t'inquiète pas, Hélène !

– Ça fait un moment qu'elle travaille chez Cerumen. Je l'ai déjà rencontrée...

– Oh, Hymane, tu plaisantes !...

– Non, Hérade ! C'était quand j'avais participé à l'émission « Squizz me », il y a 5 ans...

– Ah oui ! C'est vrai, on en avait parlé, mais ça fait un bail...

– Et j'ai vu sa photo, y a pas longtemps, dans un magazine : le temps n'a pas de prise sur elle ! Elle fait gaffe à sa santé...

– Elle a raison, il le faut, sinon, le temps t'accule, ta peau se fripe, le polype te guette, le polyglotte te pète !

– Ben, Jean, toi non plus tu changes pas !

– En même temps, 5 ans, ça te transforme pas non plus, Hymane...!

– Décidément, j'y échappe pas !

– A quoi, Jean ?

– Aux considérations temporelles...

– Que veux-tu, t'es pas immortel, alors....

– Ni un Immortel, d'ailleurs... Bon, allez, sur ces considérations académiques, je vous laisse à vos soldes ! Un bonjour chez vous !

– Merci. Ciao Jean ! (x3)

– Jean ?

Oh ! Quelle est cette voix dans mon dos qui me fait sursauter ?

– Ah ! Si je m'attendais !... Jonathan Pluctois ! Comment allez-vous ?

– Bien, merci ! Et vous ?

– Ça va !... Alors, et votre appart ?

– Impeccable ! Je ne regrette pas d'avoir insisté pour vous l'acheter !

– C'est vrai qu'au départ, ça s'était un peu mal enclenché... Mais tant mieux si vous vous y plaisez. Dommage qu'il y ait eu ce cambriolage...

– Quel cambriolage ?

– Mais, comme vous m'avez dit avant-hier...

– On ne s'est pas vu avant-hier ! Vous devez confondre avec quelqu'un d'autre !

– Mais enfin, samedi, on s'est bien rencontrés...

– Ah non ! En plus, samedi c'est demain !

– Oh ?! Ah ! Dites, Jonathan, avez-vous bien fermé votre porte à clé ?

– Pourquoi ? Ben... Je crois, oui... Bien que... Il est vrai qu'en ce moment... je suis un peu tête en l'air...

– Je serais à votre place, j'irais vérifier !

– Vous croyez ?

– Oui, oui ! Avant-hier, je suis allé rendre visite à Gaspard et Oreste, des anciens voisins en face de chez vous, et c'est là que je vous... qu'ils m'ont dit avoir entendu parler d'un cambriolage dans votre immeuble.

– Après tout, vous avez peut-être raison... Je vais rentrer, finalement c'est pas très loin.

– Vous faites bien ! Hâtez-vous !

Cette conversation vous a peut-être interloqués, mais je vous explique : Jonathan Pluctois occupe mon ancien appartement que je lui ai vendu. Or, lorsque j'y habitais, il arrivait qu'il fasse un saut dans le temps à l'instar de ce qui se passe avec ma maison actuelle. J'ai cependant découvert que ce phénomène était lié à ma présence. Jonathan, que nous venons à l'instant de voir, est en train de faire un saut de deux jours dans le futur, c'est à dire qu'il vient d'avant-hier. Et il ne le sait pas ! Moi, je m'en suis rendu compte ! Mais si je lui en avais parlé, il m'aurait pris pour un dingue.

Toutefois, on peut se demander comment il se fait que Jonathan se trouve dans cette situation alors que je n'habite plus l'appartement en question puisque c'est lui le propriétaire ! Voici l'explication : avant-hier matin, avant d'aller rendre visite au Gaspard et à l'Oreste, je suis passé dans la cave de mon ancien immeuble pour récupérer des affaires que j'y avais laissées. J'ai ensuite déjeuné avec les deux compères puis, en sortant de chez eux, j'ai rencontré Jonathan qui m'a fait part du cambriolage de son appartement dans la matinée et qui aurait été facilité par le fait qu'il avait oublié de bien fermer sa porte à clé... Vous suivez ?...

Alors.... Vous allez me dire, si je l'envoie vérifier sa porte, il ne va pas se faire cambrioler et j'aurai donc contribué à changer le passé... ! Eh bien, évidemment ! Ce qui montre qu'en voyageant dans le futur, on peut changer le passé ! Et qu'en changeant le passé on modifie le futur. Moyennant quoi, on peu se demander si le présent que l'on est en train de vivre correspond au futur modifié ou à l'original... Pour avoir la réponse, c'est simple : il suffit d'aller trouver Jonathan et lui demander s'il a été cambriolé !

Ne perdons cependant pas de vue que tout cela n'est mathématiquement pas prouvé... Mais je n'ai pas le temps de le faire. Je ne suis pas un maître du temps, moi, je n'habite pas Fort Boyard... Et je ne travaille pas non plus chez Météo France, d'ailleurs.

En plus, le temps c'est de l'argent, alors faut pas gâcher. Ce qui nous ramène au chapitre 3. Mais l'argent ne fait pas le bonheur, c'est l'affaire de Dieu, pensent certains. Ce qui nous ramène au chapitre 1. Du coup, la boucle est bouclée ; chose qu'il convient d'éviter pour ne pas emmêler le fil de ma pensée comme on vous l'a suggéré en préambule. Passons donc à autre chose.

Je vais vous parler du jardin de Trinh et Camille, cela nous offrira un petit moment bucolique.

« C'est pas un jardin bio, c'est un jardin naturel ». Camille le qualifie ainsi. « Je fais pousser ce qui veut pousser tout seul, dans cette terre et sous ce climat ; je n'apporte pas d'engrais ni de traitement. Il n'y a que le compost familial pour enrichir le sol. Les tuteurs, ce sont les branches que je conserve après la taille des arbustes. Les feuilles malades et les pucerons, on les enlève à la main... tout comme les limaces d'ailleurs, car les granulés et la bière en attirent autant qu'ils en éliminent. Alors, plutôt boire la bière ! »

Je dois reconnaître que je préfère aussi la boire, surtout à l'apéritif d'un barbecue sur la terrasse en été où l'on apprécie l'ombre du toit végétal que forment les roses dans leur écrin vert foncé. Avec le temps, les bignones grimpant par un autre côté sont venues y mêler leur trompettes oranges et peut-être qu'enfin, vers l'automne, on cueillira les premiers kiwis dont les larges feuilles duveteuses s'insèrent le long de la palissade.

Ce jardin me plait beaucoup.

Situé pour l'essentiel à l'arrière de la maison, le terrain engazonné a vu pousser plusieurs buissons et arbres fruitiers. Une idée de Trinh. De son avis, quitte à planter, autant que ce soit des fruitiers, c'est à la fois décoratif et nutritif. Elle n'a pas tort. Dès les premières douceurs printanières, de belles corolles de blanc à rose foncé viennent recouvrir les arbres, annonçant le manteau vert que revêtiront les branches avant de faire enfler et colorer les fruits du travail des abeilles. Plus bas, ce sont les fraises puis les framboises qui s'offrent aux mains des enfants jusqu'au-delà de la fin de l'été où l'on attrapera les nectarines, mirabelles, quetsches et maquereaux, avant de remplir, encore un peu plus tardivement dans l'année, la corbeille de pommes, de noix et noisettes.

Au sol, Trinh s'occupe du potager où elle fait pousser, selon la clémence de la météo, des tomates, des courgettes et aussi des légumes asiatiques dont elle a rapporté des graines du Viêt Nam.

Sur le côté de la maison, Camille veille à alimenter la collection de fines herbes et la tisanière avec diverses essences prisées pour les barbecues ou les boissons chaudes bienfaisantes de l'hiver.

Il y a à boire et à manger, dans ce jardin. Mais pas seulement.

Après les perce-neiges annonçant la fin de l'hiver, les bulbes de tulipes et de crocus, enfouis au hasard sous l'herbe, envoient leurs couleurs vives éclater en surface. Puis, juste après le temps du muguet caché sous les buissons, passe la première tondeuse sur leurs feuilles fanées, à l'instar des lilas de la haie, tandis que grimpe, toujours plus loin, le rosier dont les fleurs pâles odorantes remplacent d'année en année la toile cirée de la gloriette sur la terrasse, formant un abri de verdure aux soirées estivales. Les pivoines balancent leurs énormes pompons roses libérant un parfum capiteux qui précède celui des buddleias dont les bourgeons s'épanouiront bientôt pour faire les délices des papillons.

Il y à voir et à humer, dans ce jardin. Mais pas seulement.

Si vous savez adapter votre regard à la taille d'un Minimoy, vous verrez comme ce jardin s'anime. Les abeilles bourdonnent, des inflorescences de lavande à celles du romarin, accompagnées de faux-bourdons patauds aux couleurs vives. Les fourmis font d'incessants aller-retour le long des troncs et des tiges jusqu'aux plus tendres rameaux et bourgeons, sous le feuillage, où les pucerons qu'elles élèvent ont établi leur prairie. Le jardinier excédé sourit cependant en apercevant les coccinelles qui font un festin de ces suceurs de sève. Si vous restez tranquilles, une mésange viendra à deux pas picorer des miettes tombées au sol, un lézard se chauffera sur une dalle et un amaryllis se posera sur votre doigt.

Peut-être même restera-t-il, même si vous bougez la main. La brise retiendra son souffle, les nuages suspendront leur course et le temps s'arrêtera, un bref

instant, pour laisser s'insérer un moment de bonheur
dans cet interstice de votre vie.

6

« – *La statuette là-bas, c'est la Vénus de Milo ?*
– *Non, elle court. Je dirais plutôt une véloce demi nue.*
– *Elle court vers un brasero, non ?*
– *Son mari, peut-être... »*
(Conversation au Wokizza)

Après, les goûts et les couleurs, ça se discute pas, dit-on ; et ils sont tous dans la nature... Et même en-dehors de la nature, car c'est le propre de l'être humain.

Il y a des gens qui écoutent de l'électro et d'autres qui sont mélomanes, des joueurs et des joueuses de flûte, qu'elle soit à bec, de Pan, traversière ou baveuse, des virtuoses du piano à queue, à bretelles, voire à poêles comme les toqués de la cuisine.

Les uns aiment les couleurs vives dans les natures mortes, les autres apprécieront un blanc pastel sur un noir fluo, d'aucunes sont enjouées devant les noirs de Soulages d'autres se réjouissent que des Noirs les soulagent... Untel sera impressionné par un Manet, un autre tel comprendra l'art abstrait, d'autres prétendront que l'Arabe ne s'trait pas car le Pur Sang n'est pas un cheval de trait

Il y en a qui mangent du cheval en sachant que ce n'est pas du boeuf, des enfants qui font des courses d'escargot et des adultes qui les mangent (les escargots, pas les enfants, sinon ils s'agit d'ogres dans les contes ou de malades dans la vie réelle). Dans un même registre, il y a ceux qui se font un avocat mayonnaise pour l'apéritif, ceux qui le prennent sucré au dessert, en revanche, embroché en plat principal, cela devient un mets de cannibales.

Certaines personnes sont des aficionados du café, d'autres optent pour le thé, nature, au lait, voire au riz (même si c'est pas pratique) ; certains aiment le thé glacé, certains l'aiment chaud, bref, pas de quoi en faire tout un film...

Mon voisin de droite n'aime pas mon voisin de gauche car il ne mange pas de porc, et ce dernier n'aime pas le premier car c'en est un... Allez comprendre ces subtilités !

Il y a des gens qui vont à la mer pour se baigner, d'autres qui écartent les flots parce qu'ils ne veulent pas se mouiller, ou encore, ceux qui marchent dédaigneusement dessus pour provoquer les Marseillais.

Il y en a qui ne louperaient pour rien au monde le mondial de la baballe, d'autres qui n'en ont rien à foot.

Mon banquier joue au monopoly, mon dentiste, au bridge, l'anthropologue, aux osselets, le syndicaliste, à la bonne paye avec le patron, le président s'enthousiasme avec Age Of Empire, le maire, avec les Sims, et le djihadiste s'éclate sur un simulateur de vol. J'ai entendu un collégien bavard vouloir devenir capitaine de ferry en croyant pouvoir se la couler douce et ne pas s'user la santé pour finir par dérailler comme son grand-père, cheminot retraité, tandis que sa camarade de classe l'aurait plutôt vu dans l'aviation car il n'arrivait pas à s'écraser.

Quand on est riche, on se vêt de soie ; nudiste, juste de soi. On n'a de cesse que lorsque la garde-robe déborde, pourtant, on s'habille d'un rien. On assortira plus difficilement les gros pois et les rayures, que le petits pois et les carottes. On porte des jupes, des jupes-culottes, des jupes sans culotte (ce qui n'a rien de révolutionnaire), on achète en prêt-à-porter, mais on peut se faire tailler un short.

Au XIX siècle, Monsieur se rendant à une réception, donnait un coup à son chapeau-claque pour l'assortir à sa queue-de-pie mais prenait une claque en voulant assortir une pie d'un coup de queue. C'était un autre temps.

Ainsi, les goûts changent aussi selon les époques. Aujourd'hui, dans la même situation, la dame aurait répondu : « Ça va pas ? T'as vu comme t'es ringard avec ton costard ? » ou encore : « Oui, mais vite fait, demain je me lève tôt, je bosse ! ». Ou bien elle lui aurait collé un procès.

Jadis, on aimait lire un livre au coin du feu, aujourd'hui, on s'a(ban)donne à un jeu vidéo sur la tablette devant la télé qui diffuse des clips. En 74, on chantait le Zizi de Perret, en 85, l'Aziza de Balavoine et, en 98, le Zizou du Mondial. Les uns écoutaient Laforêt, d'autres Leforestier ; on pouvait en avoir marre de Tino Rossi et aller boire un Martini rosso ; c'était l'époque où Gainsbourg consumait sa Gitane entre deux doigts d'une main et son Anglaise avec les doigts de l'autre. Dans le temps, on allait travailler jeune à l'usine et le soir on écoutait de la musique à la radio. Maintenant, on étudie plus longtemps alors on allume la radio pour écouter du bruit de machines.

D'ailleurs, actuellement, le son de certaines radios les mieux appréciées existe surtout grâce à la vidéo, prouvant que bon nombre d'interprètes ne chantent plus avec la bouche, mais avec le nombril et le cul, comme ces artistes qui y mettent les formes pour être jugés sur leur fond, ou telle autre – même si elle sait chanter –

reléguant, à l'aide d'une masse de démolition, les sucettes à l'anis au rang de comptine...

À ce propos, il y a de plus en plus de gens qui aiment les enfants, surtout quand ils sont tous nus... et ce genre de goûts, ça se discute... Après réflexion, non : plutôt que de tergiverser là-dessus, il vaudrait mieux couper dans le vif du sujet. Les dégoûts et les douleurs...

« J'aurai mieux fait de tourner 7 fois ma langue dans sa bouche pour ne pas dire de conneries. »
(Rolf Elder)

Jadis aussi on pouvait voir le peintre, perché sur l'échafaudage, qui siffle une chanson italienne, manquant de faire tomber le seau de peinture sur l'agent en contrebas, qui siffle les automobilistes sous le regard désabusé du clochard, qui siffle son litron, ou encore, le géomètre qui arpente la rue de jour et la belle qui arpente le trottoir de nuit. Aujourd'hui, on peint au pistolet, l'agent s'en tire au pistolet, et le clochard s'est tiré pour laisser la place au boiteux carapaté des Carpathes qui arpente le carrefour au feu rouge, la main tendue, tandis que le beau de la nuit arpente le bois... car les goûts des hommes ont un peu varié.

Ah, la nostalgie ! Ce doux rappel d'une époque où c'était mieux, une période d'insouciance.... Forcément, pour beaucoup il s'agit de l'enfance ou de l'adolescence ; il suffisait de bien travailler à l'école et d'être sage à la maison... Certes, on ne peut pas généraliser. D'aucuns on connu le temps où l'on se prenait une claque en réponse à l'impolitesse, un bavardage rapportait cent lignes, une leçon non apprise valait d'être recopiée trois fois et, à la maison, le père rajoutait un bonus en doublant la mise. Un mauvais bulletin, c'était une rouste à la ceinture... On a fini par se rendre compte que la violence n'est pas la solution. Du coup on peut se trouver démuni face aux difficultés de l'éducation. C'est vrai, quoi ! Il n'y a pas de formation pour les parents, non ?

Or, dans un rapport physique, c'est le plus costaud qui gagne, même s'il a tort. Lorsqu'on se mesure intellectuellement à l'autre, le rapport de forces est différent...

Certains parents ont cependant trouvé la parade : l'enfant revient avec un zéro en maths ? On va voir le directeur pour lui demander qui est ce guignol qui donne des devoirs si compliqués qu'on ne les comprend pas soi-même, alors comment le fiston peut-il les comprendre ? Dans un autre cas, rien de tel que d'aller coller une baffe au prof qui a collé le gamin le mercredi, bouleversant l'emploi du temps familial, surtout qu'en plus, c'est les soldes ! Enfin, ce n'est que justice d'aller porter plainte contre l'enseignant qui a giflé le fiston même si ce dernier l'insultait depuis des semaines et a fini par lui cracher à la figure...

Encore de la violence, me direz-vous. Oui, mais plus envers les enfants ! C'est un progrès, non ?

Mais, comme dirait Loth : « Après tout, c'est eux, les profs, les professionnels de l'éducation, non ? Ils doivent garder leur sang froid même dans les quartiers chauds et, ensuite, ils devraient être content, ils ont du boulot et la sécurité de l'emploi ! »

Il y a des avis et des formulations qui laissent songeur...

Mais je m'égare (comme d'habitude). Mon propos est de raconter des choses amusantes et non de sinistres affaires du quotidien. Quoique, s'il est bon d'éclairer le quotidien d'un peu d'humour, pourquoi ne pas agrémenter l'humour d'un peu de sombre ? À défaut d'humour noir, on aura de l'humour gris !

C'est quoi, la différence ?

Ben, c'est évident, voyons : la nuance !

Sérieusement ?

Suis-je vraiment quelqu'un de sérieux ?

Bon, allez, voici une illustration par l'exemple. D'abord, du noir : « Tandis que les Ukrainiens se déchirent entre eux, ils explosent un avion civil de passage. On retrouve des corps éparpillés dans tous les coins. C'est pas ça qui aidera à recoller les morceaux ! » Du gris, serait par exemple : « Qu'est-ce qui a pris le pilote de passer au-dessus de l'Ukraine juste au moment où quelqu'un tirait en l'air pour tester son jouet ? »

Dans tous les cas, quand un avion s'écrase, ce qui plane toujours, c'est le doute !

De là à dire que si on doute beaucoup on va se mettre à planer (ce qui évitera de prendre l'avion)... il y a un pas que je ne franchirai pas... Quoique... Non... Où en étais-je... ? Je plane déjà... Ah ! Oui... Humour noir, humour gris, vous avez saisi la nuance ? Moi, j'utilise plutôt le gris... Enfin, entre gris clair et gris foncé, comme dit Jean-Jacques Goldmann. Je profite d'ailleurs de l'occasion pour dire que j'aime beaucoup cet artiste créatif, talentueux, modeste et discret. Tout comme moi... Comment ? Je ne suis pas modeste ? Vous plaisantez ! Il n'y a pas plus modeste que moi ! Je suis le modeste d'entre les modestes !...

Bon, allez ! Je vous pardonne : vous auriez pu être vache en disant que je ne suis pas talentueux... Mais, peut-être, ne vouliez-vous pas passer pour un(e) menteur(se)... ?

M'enfin ! Je plaisante ! Qu'allez-vous imaginer ? Ça, ce n'est pas de l'humour gris, mais de l'humour à degrés ; ce qui n'a rien à voir avec la température corporelle de celui qui le pratique, comme vous le savez (bien que je me demande parfois si ce n'est pas le cas lorsqu'on me fait comprendre, après l'un de mes traits d'humour, que je aurais peut-être de la fièvre).

Personnellement, j'utilise en général deux à trois degrés. Et la langue française, dans sa richesse, est vraiment pratique pour jouer avec les mots et les sons (je sais, je me répète, mais tant pis).

Ainsi, par exemple, un cerf avec des ailes est un cerf-volant et ceux qui tardent à comprendre en sont dotés. D'un cerveau lent. Vous voyez, il faut que je précise !... Peut-être aurez-vous remarqué qu'au travers de ces trois dernières phrases, j'ai souhaité vous donner un échantillon des trois degrés. Si vous n'avez pas remarqué, recommencez la lecture du paragraphe. Si vous en êtes déjà à la troisième fois, laissez tomber.

Le revers de la médaille, c'est que le français est compliqué pour beaucoup. Il suffit, pour s'en rendre compte, de regarder la mine des collégiens devant la dictée, celle des profs de fac, qui lisent les copies de leurs étudiants, ou encore les liaisons dangereuses de telles ou tels commentateurs dans les medias, voire l'allure de certaines affiches florissant dans les supermarchés. Et j'exclus volontairement les étrangers, notamment les traducteurs de notices d'appareils fabriqués en RPC dont le français reste du chinois.

Mais, me direz-vous, on ne peut tout de même pas reprocher au graphiste – réalisant les panneaux promo du magasin – de fournir au collégien un argument pour sa plaidoirie en faveur de l'inutilité d'une orthodoxe orthographe ! Ni au chef de rayon qui arpente les allées, de ne pas remarquer les fautes… puisqu'il est plus fort aux chiffres qu'aux lettres : son souci n'est pas de savoir s'il vend des stylos à ancre, mais d'en vendre un max, même de ceux qui coulent !

Peut-être est-ce volontaire, dans certains cas ? Ainsi, la connexion wifi de la télé dernier cri évite-t-elle le « X » parce que les enfants la regardent aussi...? Et le poissonnier, s'il met en promo des bouriches d'huîtres, c'est sans doute parce qu'on est dans un mois sans « R »...

Et là, je vais encore me répéter, mais quand on aime, on ne compte pas :

Reconnaissons tout de même que cette langue française – grâce à des fautes d'orthographe ou non – est un ravissement pour qui aime jouer avec les mots

J'aime le son des corps le soir au fond du bois tandis qu'au large on entend jouer les orques de barbarie. Et, en considérant l'aire solitaire de l'aigle, je me plais à me poser que des questions existent en ciel ; comme : « Les choses récurrentes au sens propre, est-ce un pléonasme ? Les hommes nubiles sont-ils égocentriques ? Pisser dans un violon d'Ingres est-il source de sanglots longs ? Est-ce qu'à Berne on met les drapeaux en Paris ? Si on lance deux kiwis en l'air, lequel retombe le premier, le fruit ou l'oiseau ? Dans « espoir » il y a « poires » ; est-ce un signe ? Quand on a un cerveau brillant, doit-on tout de même se casser la tête pour réfléchir ?

Et n'est-elle pas un enchantement pour qui aime jouer avec les sons ?

Comme ceci : il n'est point purpurin, l'impur purin ni ne sent la menthe... et l'on s'en lamente ! Ou cela : lorsque au mois d'août le moi doute et qu'enfin on a la cote, qu'on se dégote une cocotte à la côte, cela rassure sous l'Azur. Assis côte à côte on s'asticote puis se bécote, on papote plus que des potes, on dépote des popotes au top, puis on se pelote, on s'embrasse sans s'embarrasser, on s'enlace sans s'en lasser, enfin on se casse pour s'encastrer...

Terminons avec cette déclinaison contextuelle d'un proverbe que vous allez certainement reconnaître et que vous saurez replacer voire compléter selon l'opportunité :

« Mieux vaut tarse que jarret »

« Mieux vaut Tahar que Jamel »

« Mieux vaut tartre que javel »

« Vieux motard que j'aimais »

Mais vous me connaissez : j'use et j'abuse de ces tours de la langue qu'entre autres je mets dans la bouche des personnages et insère entre les enjambements cachottiers de ma prose en suggérant des images que chacun interprète à sa façon...

Alors, au lieu de rallonger cette guirlande d'exemples, je vous propose de poursuivre encore un peu notre déambulation verbale au cours de laquelle je ne faillirai pas à ma réputation...

– Oh ! Axel !

– Salut, Jean ! Justement, je venais chez toi !

– Je n'y suis pas.

– Je vois !

– Mais j'y vais.

– T'arrives pile poil.

– Viens, entre. Quel bon vent t'amène ?

– Ah, ce n'est pas moi, j'ai pas pété ! Par contre, je viens de chez Gaspar Alysant...

– Ce brave Gaspar, comment va-t-il ?

– Toujours un peu bougon, mais la santé semble aller...

– Tu prends un café ?

– Un thé, si t'as.

– Oui. Vert ? Noir ? Chaud ? Glacé ?

– Au jasmin.

– Y a pas.

– Bon, alors un café.

– Oui. Blanc ? Noir ? Chaud ? Glacé ?

– Blanc ?

– Au lait. C'est comme ça que l'appelle Rolf...

– Alors, café au lait frappé !

– À la vietnamienne ?

– C'est le meilleur !

– Dans ce cas, j'en fais deux !

Tandis que je prépare les filtres, Axel regarde par la fenêtre.

Ange passe.

– Tiens ! Ne serait-ce pas Ange Lure, là-bas ?

– Possible, Axel ; il habite maintenant le quartier.

– Et sa sœur Aviva, toujours avec Rolf ?

– Eh oui ! Ça semble tenir entre eux. Ils avaient pourtant pris un mauvais départ, tu te souviens, lors de l'affaire du générateur de gréons... Mais j'en reviens au Viêt Nam... Tu n'avais pas dit que tu retournerais chez Démis ?

– Je vais effectivement retourner là-bas avec Marie et les enfants ainsi qu'avec Camille et sa famille, mais pas pour un séjour chez Démis, il ne va pas réitérer son coup de l'énigme du « huitième vide » une nouvelle fois ! Par contre, on ira lui rendre visite et on logera à Mui Nè dans un petit village de bungalows comme l'a proposé Camille. Il paraît que c'est un Alsacien marié à une Vietnamienne qui a ouvert ce lieu, aux dires de Démis.

– Ah, tiens !?

– Tu connais ?

– Il me semble avoir vu une pub sur Internet où on en parle, avec un bouddha rieur en illustration...

– Ouais, c'est ça, confirme Axel en remuant son café. Mais, en fait, je suis venu pour te donner ça : c'est une copie de mon arbre généalogique... Tu m'avais dit que tu voulais l'utiliser pour illustrer le Répertoire...

– Exact !

– Gaspard l'a terminé et me l'a donné hier.

– Merci Axel... Effectivement, ça m'intéresse car vous ne manquez...

– ... pas d'Eyre dans la famille, je sais, on me l'a déjà faite...

– Camille m'avait donné le sien, il est bien touffu également.

– En effet, il doit y avoir plus d'un Ion qui y figure !...

– C'est frappant !

Le temps d'avaler une gorgée de café, et je poursuis :

– Je pense que vos ascendances sont de beaux exemples de notre communauté, c'est pourquoi je veux utiliser ces arbres pour illustrer le Répertoire.

– À propos, quelqu'un m'a demandé comment y entrer.

– Dans le Répertoire ?

– Dans notre communauté, pour commencer ; mais je précise que cette personne n'est pas venue par une Porte.

– Peu importe. De toutes façons, elles sont fermées...

– Mais encore ?...

– Ben, pour commencer, il faut choisir un prénom avec un nom adapté et une combinaison qui ne figure pas encore dans le Répertoire. Ensuite, il faut venir me trouver afin de s'y faire inscrire. Selon la précision de cette combinaison, l'inscription de fera au chapitre des Précis, des Approxis ou encore des Dyslexis, une section créée il y a peu sous l'impulsion d'Adrienne Kepouva.

– Justement, à ce sujet : Rolf Elder, ça ne veut rien dire... !

– Si ! En allemand ! Il faut que les noms aient un sens, soit en français, soit dans la langue du pays d'origine du personnage...

– Tu oublies les Inversis, comme Me Ruban, l'avocate.

– Oui, Rose Ruban, elle est forte à la barre : elle arrive même à trouver des arguments à décharge pour une ordure ! Mais, pour en revenir aux Inversis, nous avons décidé de supprimer cette section car, après tout, ils peuvent se classer dans les autres, même s'ils se lisent en commençant par le nom de famille... Pour finir, il faut que l'intéressé ait les qualités ou saisisse une opportunité pour être intégré à une histoire, ce qui lui permettra de devenir un personnage et donc de rejoindre notre communauté... Mais, du coup, je lève un peu le voile sur un aspect de notre univers...

– Forcément, si tu publies cette histoire...

– C'est le jeu, si on veut exister. D'ailleurs, quand j'y songe, j'ai l'impression de vivre dans un monde magique, dans les recoins de l'imaginable, où nous sommes des sorciers et les lecteurs, des moldus.

– Ça fait un peu Happy Rotter...!

– C'est un confrère, non ?

– Mais nous, on n'est pas des magiciens !

– Parce que nous sommes dans des histoires peu ordinaires, pas dans « La croupe de feu » ou « La jambe des regrets » !... Mais avoue que nous vivons des trucs pas communs !

– Surtout toi, avec ton logement à voyager dans le temps !

– Y a pas que ça ! Rappelle-toi cette rencontre à Beaune où les couples Rolf-Aline et Geoffrey-Aviva arrivent au même moment à l'hôtel pour repartir le lendemain matin en ayant échangé leurs partenaires !... Et la perruche rouge de Camille, qui siffle la Marseillaise !... Et l'invention de Rolf, son « générateur de gréons » !...

– Ouais, mais c'est un peu comme dans un roman fantastique à quatre sous.

– J'te l'fais pas dire ; et ça n'a pas augmenté... Au fait, comment vont tes sœurs ? Toujours dans la coiffure ? Et Mylène, toujours célibataire ?

– Elles vont bien. Mylène est toujours célibataire et, en ce qui concerne la coiffure, les temps deviennent difficile... Beaucoup d'hommes se font tondre par leur femme...

– C'est pas nouveau, surtout lors des divorces...

– Bon, dans ce cas, c'est vrai qu'ils se retrouvent un peu dégarnis, mais ils reprennent rapidement du poil de la bête !... En fait, je voulais dire que les hommes se font raser par leur femme.

– Mieux vaut qu'ils se fassent raser que couper !

– Oho ! Je te sens un peu aigri... Tu as des carences affectives ou plus si affinités en ce moment ?

– Oui, mais là, c'était pour faire un bon mot, c'est tout !

– Sacré Jean ! Tape m'en cinq !

Clac.

– Clac ! fait le verre en tombant sur le lino...

– Ah, mon portable, excuse moi... Oui, Mylène... Chez Jean... Elle me dit de te passer le bonjour...

– Pareil de ma part... et demande-lui si elle ne veut pas venir me faire un shampooing aux œufs, un de ces quatre...

– Jean demande... Oui, attends. Elle veut te parler...

– Mylène ? Salut !

– Salut Jean ! J'ai entendu ta question mais je te connais, mon coquin, et j'te préviens, si je viens ce sera un shampooing à la tête, hein, ne rêve pas !

– Bien sûr ! Mais y a pas de mal à s'faire du bien, non ?

– Oh là ! Je ne suis plus de ces filles qui croient qu'en s'envoyant en l'air elle vont atteindre le septième ciel et qui finalement tombent sur le cul !

– Toi, t'es aigrie, t'as des carences ?

– On en reparlera ! Appelle-moi si tu veux une croupe !... Euh ! Une coupe... Tu peux me repasser Axel ?

– Voilà...

Tandis qu'Axel discute avec sa soeur, je vais répondre à l'une de vos interrogations, à savoir comment il se fait que vous ayez entendu les paroles de Mylène au téléphone. Je sais que vous êtes habitués à ce que je vous emmène faire des allers-retours entre mon interlocuteur et moi-même pour entendre toute la communication ou encore que je répète bêtement ses phrases. Pourtant, cette fois, ça n'a pas été le cas ! Forcément, puisque, depuis le début de ce récit, vous voyagez avec moi, dans mon esprit ! Vous entendez donc ce que j'entends ! CQFD ! Une réserve tout de même : vous entendez avec mon accord car je reste maître de mon esprit. Hé oui...

– Jean ?

– Oui, Axel ?

– T'étais ailleurs ?

– Exact ; mais je suis de retour.

– Pour en revenir à la coiffure, Jade et Mylène ont donné une prolongation au salon par un service à domicile ; ainsi, « si tu ne vas pas à Coif' Jade Eyre, Coif' Jade Eyre viendra à toi » !...

– Comme la devise de Lagardère, quoi !

– Si tu le dis... Mais on n'a pas de gare à nous !

– Non, pas de « gare à vous ! », certes, ni de garde à vous, ni de garde à vue, ni de gare d'Eyre... Juste le sieur Lagardère...

– Ah ! Je vois, tu veux parler de ce patron du Caca-Rente !

– Non, mais du personnage de Féval, le bossu... En outre, si son fortuné homonyme avait une telle devise il l'adresserait sûrement à l'argent !

Après avoir avalé une gorgée de café, Axel reprend :

– Je saute du coq à l'âne, mais je vois que tu as un aquarium...

– Un vivarium, pour être précis ; et il n'y pas d'âne dedans mais un lézard. C'est un combattant. Je l'ai appelé « Marcio ».

– Forcément, si c'est un combattant... D'ailleurs, pourquoi tu dis que c'est un combattant ?

– Je l'ai trouvé entrain d'avoir une prise de bec avec un congénère. Quand ils m'ont vu, ils ont détalé, mais lui, il était coincé dans une lézarde...

– Le coquin !

– Juste la patte !

– Il a les mains baladeuses !

– Bref, il n'arrivait plus à s'enfuir alors je l'ai attrapé pour le mettre dans ce vieil aquarium...

– Ah ! J'avais donc vu juste !

– ... qui me sert de vivarium, le temps que récupère ce fragile et gracile reptile qui sans quoi aurait fini pile sur le gril d'un habile volatile du voisinage.

– Sa queue, elle est restée dans la lézarde ?

– Non, il l'a perdue lors de la capture... Bah, elle repoussera !

– Heureux homme !

– Lézard !

– Si tu veux… Mais je trouve quand même qu'il y a un lézard dans ton histoire…

– Je te le fais pas dire…

– Evidemment ! En fait, ça me parait étrange, ce lézard qui se coince dans une lézarde…

– Ben non ! Ce qui aurait été étrange, c'est si j'avais dit qu'on a coincé un mec à La Mecque, ou qu'un dragon s'est pris dans une dragonne !

– Ou un paon qui tombe en paonne, tant qu'on y est...

– T'aurais pas lu les fables du Robinet, toi ?

– J'en connais l'une ou l'autre, mais aucune avec un paon...

– Alors, cette coïncidence va me permettre de te la dire et de la partager avec les lecteurs.

– OK, mais après ça, phoque G.I. comme disent les Américains !

Quel agréable moment que celui-ci où je vous propose une nouvelle fois de choisir entre lire la fable ci-après ou bien de sauter directement au prochain chapitre sans que vous ne perdiez le fil de l'histoire !

Le paon

Un élégant paon, beau, jeune, fort enroué,
En bonne voie pour séduire sa dulcinée,
Veut lui faire le coup de la paonne trop tôt.
Celle-ci, aguerrie, voit venir le paonneau.
Or, ne voulant y tomber, elle dit au jeunot :
« Hé, mon paon, ta longue queue te vante et m'attire
Et ton pantalon de bleu, sans mentir, éclate.
Mais je crains que rapidement tu ne te tires
Sitôt que je t'ai donné ce que tu convoites ».
Dépité de n'avoir pu la belle emballer,
L'oiseau fier à la parure en balai,
S'en va, la plume basse et la huppe dressée.

On ne peut séduire toutes les filles
Juste avec une belle carrosserie.

Désolé, il n'y a pas de chapitre suivant : ce récit est inachevé !

Mais ne lâchez pas le fil de l'histoire que vous tenez au bout de vos doigts ; saisissez une aiguille et enfilez-en le chas (si vous lisez à haute voix pour une audience, veuillez préciser l'orthographe des mots). Plantez ensuite cette aiguille dans un repli de vos méninges, de façon à pouvoir la retrouver au cas où une suite et une fin seraient ultérieurement publiées, ce qui vous permettrait de reprendre aisément le fil du récit.

Bien évidemment – et pour cause – cette histoire ne comporte pas d'épilogue ; en contrepartie, si tant est qu'il en faille une (comme on dit à San Andreas, USA), dans les pages suivantes, vous pourrez découvrir les arbres généalogiques des familles Ion (réactualisé) et Eyre que nous avons évoqués, ainsi qu'un aperçu du Répertoire où sont inscrits les noms des personnages apparaissant dans les « Histoires de Jean peu ordinaires ».

Après cela, je vous invite à quitter mon esprit sans bousculade, en n'oubliant pas vos effets personnels.

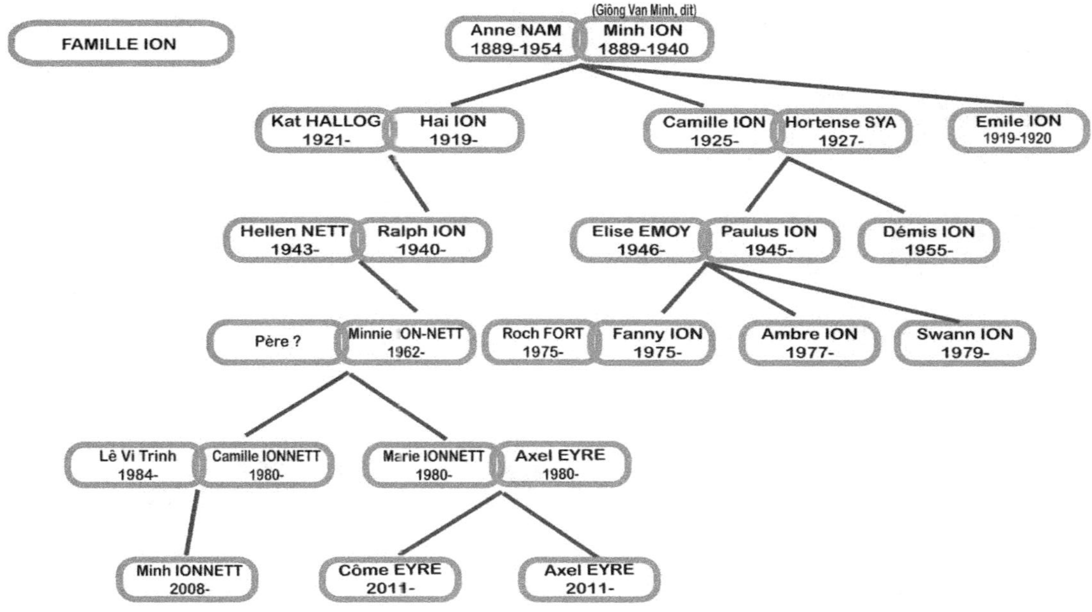

FAMILLE ION
(Giông Van Minh, dit)
Anne NAM 1889-1954
Minh ION 1889-1940
Kat HALLOG 1921-
Hai ION 1919-
Camille ION 1925-
Hortense SYA 1927-
Emile ION 1919-1920
Hellen NETT 1943-
Ralph ION 1940-
Elise EMOY 1946-
Paulus ION 1945-
Démis ION 1955-
Père ?
Minnie ON-NETT 1962-
Roch FORT 1975-
Fanny ION 1975-
Ambre ION 1977-
Swann ION 1979-
Lê Vi Trinh 1984-
Camille IONNETT 1980-
Marie IONNETT 1980-
Axel EYRE 1980-
Minh IONNETT 2008-
Côme EYRE 2011-
Axel EYRE 2011-

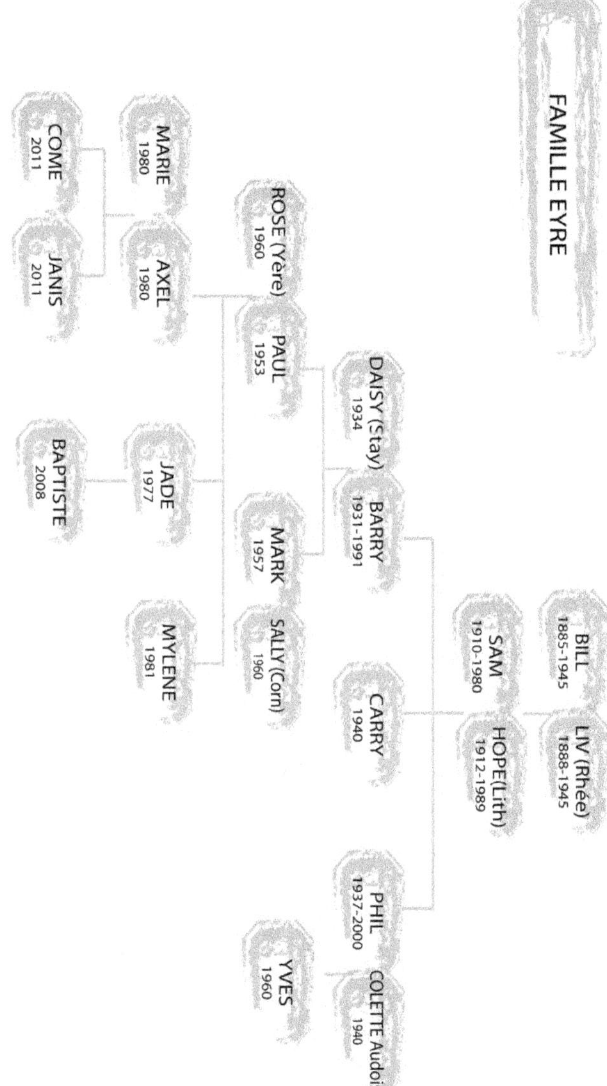

FAMILLE EYRE
COME 2011
MARIE 1980
JANIS 2011
AXEL 1980
ROSE (Yère) 1960
PAUL 1953
DAISY (Stay) 1934
BAPTISTE 2008
JADE 1977
MARK 1957
BARRY 1931-1991
SALLY (Corn) 1960
MYLENE 1981
BILL 1885-1945
SAM 1910-1980
CARRY 1940
LIV (Rhée) 1888-1945
HOPE (Lith) 1912-1989
PHIL 1937-2000
YVES 1960
COLETTE Audois 1940

LE REPERTOIRE
des personnages
(extrait)

1) Registre des Approxis

Ryan	Afhout
Armel	Couvert
Colette	D'Agnault
Mélissandre	D'Anlurne
Nabil	De Mesdoits
Séraphin	Déarrico
Ilija	Deflic
Oskan	Dinav
Derek	Uhl

2) Registre des Dyslexis

Maëlle	Able
Come-Medard	De Boulevie
Erwan	Force
Adrienne	Kepouva
Tarek	Kepouva
Jean-Luc	Meslouches
Joël	Noyeux
Bernard	Saintchien

3) Registre des Précis

Eve	Aad
Jérémie	Aad
Pierre	Aad
Marine	Aad (Yère)
Anselme	Abel
Pinar	Abül
Pépin	Accraché
Perle	Achèze
Frick	Adèle
Karim	Al Souhanié
Gaspard	Alysant
Hélyette	Angkor
Ly	Anh Long
Eve	Antail
Colette	Audois
Cécile	Augique
Sarah	Bande
Vo	Banh Anh
Mina	Blandouille
Mélanie	Braifort
Amédée	Bu
Mona	Cal
Camille	Case
Anne	Ci
Benjamin	Ci
Germain	Ci
Omer	Ci
Sophie	Ci
Samira	Comungan
Carloman	Copuy
Conchita	Cuvetes
Marina	Dauvin
Jamie	De Baaf

Phil	De Baaf
Jessica	De Gripavière
Sibil	De Taus
Goeffrey	Desroses
Loth	D'Hebil
Ferdinand	D'Houdain-Neuf
Aaron	Dhy
Maud	Dhy
Kelly	Diott
Sally	Diott
Alban	Dossurleuil
Arthur	Dreissig
Gaëtan	Du Parterre
Firmin	Du Striel
Othello	D'Upastis
Rosemonde	D'Utopy
Ramon	El Condui
Rolf	Elder
Kurt	Eschell
Axel	Eyre
Baptiste	Eyre
Barry	Eyre
Bill	Eyre
Carry	Eyre
Come	Eyre
Jade	Eyre
Janis	Eyre
Liv	Eyre
Mark	Eyre
Mylène	Eyre
Paul	Eyre
Phil	Eyre
Sam	Eyre
Yves	Eyre
Sally	Eyre (Corn)

Hope	Eyre (Lith)
Daisy	Eyre (Stay)
Rose	Eyre (Yère)
Laure	Faivre
Germain	Fexieux
Louis	Fine
Roch	Fort
Tara	Fünfgram
Martin	Gall
Laura	Géclate
Albert	Geoffour
Anna	Gramm
Hector	Gramm
Emre	Gül
Frank	Haudeport
Gilles	Héparbal
Jeanie	Hill
Amélie	Horant
Oreste	Horant
Sacha	Hutte
Eugène	Ick
Maude	Ick
Claude	Iké
Hélène	Iké
Hérade	Iké
Hymane	Iké
Martine	Iké
Tess	Inglé
Emerence	Inglé (sœur Régénère)
Ambre	Ion
Camille	Ion
Demis	Ion
Emile	Ion
Fanny	Ion

Hai	Ion
Minh	Ion
Paulus	Ion
Ralph	Ion
Swann	Ion
Elise	Ion (Emoy)
Kat	Ion (Hallogg)
Anne (Anh)	Ion (Nam)
Hélène	Ion (Nett)
Hortense	Ion (Sya)
Camille	Ionnett
Marie	Ionnett
Minh	Ionnett
Minnie	Ionnett
Jean-Guy	Irlande
Armand	Joux
Claudie	Kant
Katy	Kê
Ly	Khi Dê
Elie	Khopter
Cécil-Henry	Ksédrol
Pierre	Kub
Maude	Lafin
He	Lam Hi
Anne	Lê
Marthe	Lê
Théo	Lê
Aubin-Marie	le Flancuit
Alonso	Litretto
Gilles	Lumine
Ange	Lure
Aviva	Lure
Olga	Lure
Jaap	Luryen
Kévreh	Mansour

Marceau   Mâtre
Annie   May
Jade   May
Renaud   May
Thadée   Ménagéou
Jade   Mérien
Vo   Mi
Mylène   Micoton
Geoffrey   Moncado
Hégé   Monique
Waldemar   Newaldesen
Aline   Nhê
Ba   Nhi Long
Pia   Nodroit
Ange   Oliver
Lydie   Ott
Erasme   Ouassa
Childéric   Palpétrol
Yaël   Paluy
Amédée   Pan
Serap   Pide
Oscar   Pien
Thérèse   Ponsable
Bruno   Racine
Moussa   Razhé
Théo   Reetisch
Victor   Riheux
Jonas   Roi d'Eckohn
Ruban   Rose
Prudence   Saint-Pause
Annie   Scott-Dazur
Sylvie   Sékilépamor
Sacha   Slanej
Caïn   Soluble
Aude   Source
Rainer   Stahl

Mathilde	Surly
Thomas	Tamboite
Ly	Thanh Hi
He	Thoa Lao
Lê	Thuy Ha
Brunissan	Tofour
Sacha	Touille
Aimé	Trizé
Jessica	Trizé
Ellen	Uhl
Hank	Uhl
Jeanne	Uhl
Jules	Uhl
Aude	Van Delle
Lë	Van Tay
Connie	Vance
Lê	Vi Trinh
Elena	Vigante
Claire	Yère
Jacques	Yère
Mehdi	Ziehn
Kurt	Zschluss

Si vous trouvez votre prénom dans ce répertoire, vous pouvez découvrir comment vous vous appelleriez dans l'un des récits de la série « Les histoires de Jean peu ordinaires ».

Si toutefois vous portez déjà ce nom, eh bien quelle coïncidence ! C'est peut-être pas drôle tous les jours…

Mais tout n'est pas perdu ! Dans ce cas, je vous dédicace le livre de la série dans lequel « vous » apparaissez ! Pour cela, écrivez-moi à : jean.hjpo@gmail.com

Voilà !

Au revoir !... Merci, vous aussi ! ... Ah, on ne peut pas plaire à tout le monde !.... Oui ? Ah, je ne sais... Au revoir... Non, pas à bientôt... Je disais, je ne sais pas si c'est possible, on ver... Salut, mon gars !... C'est par là, attention à la scissure de Sylvius... Non, ça c'est une hulde... Où il est le... ? Bon, tant pis... Attention, mademoiselle, vous oubliez votre sac... Bye !... Ciao !... Xin chào !... Auf Wiedersehen !... C'est ça ! Vous aussi !...

Ça y est ! Y a plus personne ?

Bon... Je me sens tout vide, du coup...

50 CITATIONS A FAIRE REFLECHIR

DANS UN MIROIR

Extraits des
"Oeuvres de Jean"

50 CITATIONS
A FAIRE REFLECHIR
DANS UN MIROIR

PREAMBULE

Le matin, devant votre miroir, en vous rasant, vous maquillant ou vous démaquillant selon le cas, ne vous êtes vous jamais dit(e) que votre vie est suspendue à une poterne et qu'il serait temps de réfléchir ?

Voici, dans ces quelques pages, des citations qui vous permettront de briller en société. Il suffira d'en lâcher une négligemment à votre voisin(e) lorsque vous serez en train de vous laver les mains ou de faire un raccord beauté dans les toilettes.

Mais attention, avant de vous lancer, veuillez de préférence suivre ces 2 conseils :

1) Assurez-vous d'être en face d'un miroir, qu'il soit de salle de bain, de courtoisie, de poudrier, aux alouettes ou encore de rétroviseur. Faites mine de vous en servir, prenez un air de Ste Nitouche, puis parlez. Si votre citation fait son effet, vous passerez pour quelqu'un ayant le sens de la répartie voire de l'humour. Si elle fait un flop, vous serez tout(e)

excusé(e), votre concentration portant sur autre chose (en l'occurrence vous-même dans le miroir).

2) Ayez de l'à-propos. Par exemple, ne répondez pas « Tu parles ! Ils font déjà pas gaffe à celles dans lesquelles ils entrent ! » si votre interlocuteur vient de parler de poule-au-pot...

Voilà !

Maintenant, à vous de briller !

1

Tout ce que l'on peut dire au présent a certainement été dit au passé et même dans un passé antérieur.

2

Les artichauts ont du coeur et les fruits de la
passion...

3

Dans cette boite, on te dit rien, faut tout rêver,
mais t'as pas le droit de dormir !

4

– Qui a écrit « Le blé en herbe ? »
– Bob Marley !

5

Un cycliste sans mollets, c'est comme une danseuse sans jambes ou un vin sans cuisse, ça n'atteint pas des sommets !

J'hésite entre le boudin et la queue de lotte.

7

Il y a quelques fois des choses qu'on a devant le
nez, à portée d'oreille et que l'on ne voit pas parce
qu'on a la tête ailleurs !

8

– Je ne vous paye pas pour vous promener !
– Je sais bien, je le fais bénévolement …

9

– Oh, tu as la forme !
– Toit tu as celles qui me la donnent !

10

La route défie l'espace temps en allant
instantanément d'un point à un autre sans bouger.

11

Les mûres ont des oreilles et les fraises, des
bois.

12

–T'as vu les Bleus au Mondial cette année ?
Même pas sortis des poules !
–Tu parles ! Ils font déjà pas gaffe à celles dans
lesquelles ils entrent !

13

La clé du mystère se trouve sur la porte de la connaissance et celle des songes sous le paillasson de l'ignorance...

14

Un essaim d'abeilles part avec sa reine pratiquer
la politique de l'aut' ruche

15

– Je me sens moche...
– Mais non, tu rayonnes ! Regarde j'en bronze
même !

16

Profileuse : Femme de méninges capable de brosser un portrait en 30 secondes.

17

Ce n'est pas en donnant de la biquette à un agneau qu'on en fera un mouton Rothschild.

18

Garniture : légumes autour d'une viande.
Garnison : légionnaires autour d'un boudin.

19

Rien ne prête moins à rire que le pire
et à sourire que le soupir.

20

Louis XVI a perdu la tête, il a pris un raccourci
vers la mort.

21

C'est un roi de la bricole que le vice a mené à l'écrou.

22

Un chercheur ouvre des perspectives d'avenir et
un ouvrier les cherche...

23

Son visage s'éclaire : il a une idée lumineuse !

24

La voilée n'attend pas le nombre des ahaneurs.

25

Les plagistes travaillent quand ils sont en grève.

26

Jeanne d'Arc s'est éteinte en brûlant...
Déjà avant James Bond, on faisait des cendres
des ennemis de sa majesté.

27

J'aurais mieux fait de tourner 7 fois ma langue
dans sa bouche pour ne pas dire de connerie.

28

La mort c'est comme la vie, on sait quand elle commence mais pas quand elle finit.

29

Autant chercher une anguille dans une botte de forain.

30

La biche, émet-elle des gaz à effet de cerf ?

31

C'est en fauchant qu'on devient faux-jeton.

32

Tout le monde peut se planter mais faut pas
pousser !

33

Je préfère un ex-mousseux devenu crémant à un
ex-crémant devenu mousseux !

34

Il y a des traders qui roulent sur l'or et qui finissent en taule.

35

J'aurai pris tellement de volume que je serai
incontournable.

36

Une chose est sûre, le magnétiseur attire l'argent.
Mais est-ce qu'il bande magnétique ?

37

Dans une course contre la montre, on est sûr de gagner car la montre ne bouge pas, même quand elle avance !

38

Il a préféré passer des nuits au clair de lune
plutôt que des journées à l'ombre de l'autre.

39

Un lèche-cul, c'est toujours suce-pet...

40

J'ai essayé l'humour triste mais j'ai rapidement renoncé parce que ça me mettait les larmes aux yeux.

41

Les DJ sont à la musique ce que les fast-foods
sont à la gastronomie.

42

Il vaut mieux avoir de longues jambes pour
prendre un élan... même une femelle.

43

Rien ne sert de discourir, il faut répartir à point.

« Les choses récurrentes au sens propre », est-ce
un pléonasme ?

45

Mari honnête ne veut pas dire guignol !

46

Il ne faut jamais s'enfermer dans sa liberté !

47

Dans « espoir », il y a « poires ».

48

La première fois qu'Adam a mis la main sur Eve,
ce fut un petit doigt pour l'homme mais un grand
geste pour l'humanité !

49

Le temps passe mais les montres restent.

50

Quand on a un cerveau brillant, doit-on tout de même se casser la tête pour réfléchir ?

Ce livre vous a plu (ou pas) ?
Découvrez-en d'autres et laissez-nous vos
commentaires sur le site d'achat ou
http://ednane.canalblog.com/

<u>DÉJÀ PARUS</u>

Sauf indication contraire, tous les ouvrages sont publiés en version e-book et livre papier

Dans la collection
« Les histoires de Jean peu ordinaires »

La série

Tome 1 : Camille et la perruche rouge

Tome 2 : Le huitième vide

Tome 3 : Le générateur de gréons

Tome 4 : Pensées multicolores sur terreau de

matière grise

Tome 5 : Un vase de Soissons à trois clous

Hors série

50 citations à faire réfléchir dans un miroir *(e-book)*

50 citations pas très catholiques (à l'usage des

mécréants et des athées) *(e-book)*

100 citations à propos de tout et de n'importe quoi

(livre papier)

www.ingramcontent.com/pod-product-compliance
Lightning Source LLC
Chambersburg PA
CBHW070811170726
48000CB00017B/554